民宿教育理论与实践

MINSU
JIAOYU LILUN
YU SHIJIAN

编委会主任／许文标
编委会副主任／刘 兵
主 编／廖 君 吴 鑫
编 委／包国兴 郑佳丽 邬林志 黄 宣
任思源 后根娣 李恒婷

电子科技大学出版社
University of Electronic Science and Technology of China Press
·成都·

图书在版编目(CIP)数据

民宿教育理论与实践 / 廖君，吴鑫主编. -- 成都：电子科技大学出版社，2019.8
ISBN 978-7-5647-7241-3

Ⅰ. ①民… Ⅱ. ①廖… ②吴… Ⅲ. ①旅馆－经营管理－基本知识 Ⅳ. ①F719.2

中国版本图书馆 CIP 数据核字（2019）第 142346 号

民宿教育理论与实践

廖 君 吴 鑫 主编

策划编辑 万晓桐
责任编辑 万晓桐

出版发行 电子科技大学出版社
成都市一环路东一段 159 号电子信息产业大厦九楼 邮编 610051
主 页 www.uestcp.com.cn
服务电话 028-83203399
邮购电话 028-83201495

印 刷 成都市火炬印务有限公司
成品尺寸 170mm×240mm
印 张 12
字 数 213 千字
版 次 2019 年 8 月第一版
印 次 2019 年 8 月第一次印刷
书 号 ISBN 978-7-5647-7241-3
定 价 38.00 元

前　　言

民宿起源于欧洲，发展于日本，成熟在中国台湾。在中国，与民宿文化相近的客栈文化在中国有上千年的历史；近年来，以莫干山、丽江、大理、桂林、泸沽湖、杭州等地为代表的民宿产业风起云涌。

当前，国家正在大力发展旅游业，文化和旅游部的成立，让人们感受到旅游业诗和远方的到来。中国地大物博、山川秀丽、民族众多，文化源远流长；各民族文化、地域文化与资源精彩纷呈，有发展特色旅游、民宿新业态的先天优势。小民宿，大世界。投资民宿，参与民宿经营正成为旅游业的新商机。民宿经济是发展乡村旅游，振兴乡村经济的重要新举措。中国民宿正朝着规范化、品牌化、精品化等方向发展。

民宿是旅游大住宿产业环境下的非标准住宿产品。民宿，不追求酒店的高档设施，但有家的温馨；民宿，不追求酒店的豪华大餐，但有家的味道；民宿，不追求酒店的奢华服务，但有家的温暖。民宿的在地文化，民宿主人的情怀与人生经历，民宿主人与客人的友好互动等是民宿成为有温度旅游吸引物的重要元素。

近几年随着消费升级、居民对旅游住宿的需求日益细分，民宿新业态的良好发展前景吸引着各方人士、各路资源积极参与，民宿从业人员骤然增多，民宿经营市场也开始出现良莠不齐局面，极其不利于民宿经营市场的良性发展。因此，民宿新业态急需民宿经营与服务方面的理论与实践培训教程来指导、规范行业的发展。基于此，在参考国内外众多有关民宿论述的资料后，我们结合无华民宿集团旗下门店多年经营服务的实践，编写了《民宿教育理论与实践》，梳理出一些有益于民宿经营者、从业人员的理论与实践知识，有助于大家推动民宿产业的良性发展。

为了体现实用性、可操作性，本书没有采用章节体系，而是以模块形式呈现。各模块既独立又相互联系。本教程分理论篇与实践篇，共十三个项目的教学课时。理论篇：项目一　民宿的起源、定义、类型及特征；项目二　中外民宿发展概况；实践篇：项目三　国外民宿案例；项目四　国内民宿案例；项目五　国内民宿管理导览；项目六　民宿前台；项目七　民宿管家；项目八　民宿营销；项目九　民宿店长；项目十　茶艺基础；项目十一　中外民俗基础；项目十二　民宿案例分析教学活动；项目十三　民宿创意教学活动。

本书主编廖君、吴鑫；编委会主任许文标；编委会副主任刘兵。

本教程的编写得到无华民宿集团的大力支持，在此致谢。

编者在编写本教程中，参考了国内外有关旅游和民宿方面的书籍、报纸、杂志及公众号等互联网资源，在此，向相关作者表示感谢。联系方式：023-65178668，10153242@qq.com。

由于编者水平和经验不足，加之时间仓促，本教程中的缺点和不足在所难免，敬请广大读者批判指正，以便今后修订和完善。

四川无华教育咨询有限公司

2019年6月

目　录

项目一　民宿的起源、定义、类型及特征

【教学目标】 通过项目一学习，学生能认知民宿的起源、定义、类型及特征；具备掌握民宿概述性知识的能力。

【教学内容】 民宿的起源；民宿的定义；民宿的类型；民宿的特征。

【教学方式】 建议教师结合教材，运用讲授法、案例分析法、翻转教学法等进行教学。

【教学课时】 建议教学4课时。

一、民宿的起源

民宿是起源于欧洲乡村地区的一种旅游业态，最初以简单的提供住宿与早餐（B & B）为基本模式。

（一）法国农村民宿的起源

法国民宿的发展是从简单的小农庄开始的，经过漫长的战乱之后，城市工作者更想抓紧享受机会，只是经济能力有限，农舍接待度假旅客的想法正好符合城里人向往宁静田野度假生活的需求，又不必付昂贵的旅馆费用，同时为危机中的农村增加一些额外收入。1951年，法国第一个农村民宿开张。1952年，农业部发放补助给投入民宿经营的农民，同时，农业信贷银行和旅馆信贷银行也提供优惠贷款。1955年，法国民宿联合会成立，印发的第一本民宿指南共收录146个地址。

（二）英国B & B型民宿的起源

1960年英国出现了采用B & B型的家庭旅馆，被称为英国最早的民宿。20世纪60年代初期，英国西南部与中部人口较稀疏的农家，为了增加收入开始出现民宿，当时的民宿数量并不多，采用B & B（Bed and Breakfast）的经

营方式，性质属于家庭式招待。

（三）日本民宿的起源

日本民宿起源于1959至1960年，由于社会经济高度增长，夏季旅游胜地与冬季滑雪活动人潮涌动，旅游住宿空间明显不足，此时洋式民宿（Pension）开始兴起；部分农场也以副业经营方式，提供旅客住宿需求，农场旅舍（Farm Inn）的住宿形态产生。日本“民宿”一词源于日本的民办旅店（Minshuku），是由一些登山、滑雪、游泳等爱好者租借民居而衍生并发展起来的，因而多位于山水奇、险之地。日本民宿主要分为洋式民宿和农家民宿。

（四）澳洲、美国民宿的起源

澳洲乡村民宿起源于20世纪80年代，结合自身发达的畜牧业与优质的自然环境，形成了以体验农场生活和观光农业为主体的旅游形式。美国乡村民宿产生于第二次世界大战后，形成了以长时间停留的度假休闲方式，采用以农舍为据点向外从事各式各样的活动形式。

（五）中国民宿的起源

民宿在我国起步较晚，发展相对缓慢。台湾是较早发展民宿的地区。早在20世纪80年代，台湾因景区迅速发展，住宿设施不足，民宿应运而生。台湾垦丁为解决住宿不足的问题，衍生出一种简单的住宿形态；有空屋的人家挂起民宿招牌或直接到饭店门口、车站等地招徕游客，从而兴起民宿业。

大陆民宿开始发展，最初由当地农民自发创办以迎合游客需求，农家乐是中国大陆民宿发展的早期形式。大陆地区的民宿虽然起步较晚，但是发展迅猛，丽江、阳朔、莫干山、成都、拉萨等地的民宿数量增长较快，品质也很高。目前，我国的民宿分布主要集中在南方，北方占有少量份额。民宿主要集中在旅游景区周边，依托于旅游景点，以景区为核心向周边辐射，形成了过分集中于景区的特点。我国民宿很大一部分仍停留在提供简单的住宿或餐饮的初级阶段。主要的形式有家庭旅馆、客栈、农家乐、青年旅舍、乡村别墅、酒店式公寓等。

中国第一家农家乐的起源。1986年12月20日，在四川省成都市郫县友爱镇农科村的徐家大院诞生了中国第一家农家乐。头脑灵活、不甘平凡的徐纪元正是这支改革大军中的一员，他承包起20多亩地，花木远销重庆、贵州等外地。那个年代，生意往来全靠书信联系或者面对面的洽谈，时常有南来北往的客商到徐纪元家看花木，吃住成为一大难题。“干脆我们把房子修一哈，腾两间出来专门让客人住。”徐纪元和老婆商量后，就凑了12 000多元，把自家破旧的茅草屋改造成了砖瓦结构的三合院，于是，中国最原始的“农家乐”便有了雏形。

（图为四川省成都市郫县农科村徐家大院——“中国农家乐第一家”）

二、民宿的定义

民宿，即“宿在民居”。经历百余年的发展，在旅游业发育程度较高的发达国家和地区，民宿从乡村走向城市、从农场走向景区，不仅形态万千而且别具特色，成为区域性旅游品牌及核心吸引物的重要构成。

（一）民宿的广义和狭义定义

1. 广义的民宿：广义的民宿是指除了一般常见的饭店及旅社之外，其他具有独特吸引力的小型旅游住宿接待设施；强调的是主题的特色性，在我国一般指的都是广义的民宿。

2. 狭义的民宿：狭义的民宿是利用自有的住宅空闲房间，结合当地文化，以家庭副业方式经营，提供住宿、餐饮等服务的场所；强调产权的自有性和经营的副业性。

民宿作为一种新生的业态，国内外对其还没有唯一的定义，民宿相关的称谓五花八门，如家庭旅馆、客栈，没有统一的称谓。北欧称Hostel，美国称Homestay或Inn，法国称Chambre D'hotes或Meuble De Tourisme，德国称Pensionen Gasthauser Fredenziimuer，英国称B & B（Bed and Breakfast）等。

根据国内外的研究，以“民宿用房产权是否属于经营者”和“客人是否不与家人同住”等重要指标来区别传统意义上的民宿和衍生的社会型民宿。在日本民宿是属于个人经营的，别有特色的家庭旅馆。在中国台湾，根据《台湾民宿管理办法》，民宿指利用自用住宅空闲房间，结合当地人文、自然景观、生态、环境资源及农林渔牧生产活动，以家庭副业方式经营，提供旅客乡野生活之住宿处所。我国部分地区将民宿称为农家旅舍、家庭旅馆、民居客栈等，具有住宿功能的农家乐也可算为民宿范畴内。“农家乐”一词在我国使用频次较高，是指农户利用乡村资源，以农家庭院为载体，以农家生活为特色，为游客提供具有乡村情趣的餐饮、住宿、观光度假、休闲娱乐、劳动体验等服务的经营实体。

（二）国家文化和旅游部《旅游民宿基本要求与评价》（LB/T 065—2019）行业标准

2017年10月1日起实施的国家旅游局《旅游民宿基本要求与评价》（LB/T 065—2017）行业标准，标志着国家旅游局首个“民宿标准”出台。这一行业标准提出了民宿的五项评价原则，即传递生活美学、追求产品创新、弘扬地方文化、引导绿色环保、实现共生共赢；从土地利用、安全管理、卫生环境、接待服务等方面提出了原则性要求；将民宿分为金宿、银宿两个等级。这是国内对民宿行业的初次统一规范性文件。在市场准入方面，民宿国家标准强调经营者必须依法取得当地政府的相关证照，并满足公安机关治安消防相关要求；民宿单幢建筑客房数量应不超过14间。

这一行业标准出台，带动了我国城镇和乡村的旅游民宿发展。旅游民宿就是利用当地闲置资源，民宿主人参与接待，为游客提供体验当地自然、文化与生产生活方式的小型住宿设施。根据所处地域的不同，可分为城镇民宿和乡村民宿。在国家旅游局《旅游民宿基本要求与评价》（LB/T 065—2017）行业标准中，列出了旅游民宿的评价原则。

《旅游民宿基本要求与评价》（LB/T 065—2017）行业标准

评价原则

1 传递生活美学

1.1 民宿主人热爱生活，乐于分享。

1.2 通过建筑和装饰为宾客营造生活美学空间。

1.3 通过服务和活动让宾客感受到中华民族传统待客之道。

2 追求产品创新

2.1 产品设计追求创新，形成特色，满足特定市场需求。

2.2 产品运营运用新技术、新渠道，形成良性发展。

3 弘扬地方文化

3.1 设计运营因地制宜，传承保护地域文化。

3.2 宣传推广形式多样，传播优秀地方文化。

4 引导绿色环保

4.1 建设运营坚持绿色设计、清洁生产。

4.2 宣传营销倡导绿色消费。

5 实现共生共赢

5.1 民宿主人和当地居民形成良好的邻里关系。

5.2 经营活动促进地方经济、社会、文化的发展。

中华人民共和国旅游行业标准LB/T065—2019《旅游民宿基本要求与评价》2019年7月3日起实施。本标准由中华人民共和国文化和旅游部提出。

根据国家《旅游民宿基本要求与评价》（LB/T065—2019）行业标准，我国旅游民宿homestayinn定义为，利用当地民居等相关闲置资源，经营用客房不超过4层、建筑面积不超过800m²，主人参与接待。为游客提供体验当地自然、文化与生产生活方式的小型住宿设施。

根据所处地域的不同可分为城镇民宿和乡村民宿。

本标准代替LB/T065—2017《旅游民宿基本要求与评价》，与LB/T 065—

2017相比主要技术内容变化如下：

——更加体现发展新理念，体现文旅融合；

——将旅游民宿等级由金宿、银宿两个等级修改为三星级、四星级、五星级3个等级；

——明确了三星级、四星级、五星级旅游民宿的划分条件；

——加强对卫生、安全、消防等方面的要求，健全退出机制。

本标准规定了旅游民宿的等级和标志、基本要求、等级划分条件、等级划分方法。旅游民宿等级的标牌、证书由等级评定机构统一制作。

旅游民宿等级分为3个级别，由低到高分别为三星级、四星级和五星级。

本标准适用于正式营业的小型旅游住宿设施，包括但不限于客栈、庄园、宅院、驿站、山庄等。

三、民宿的基本类型

（一）按位置分类：城市民宿和乡村民宿

1. 城市民宿：多存在于城中村或者城市闹市中，以公寓大楼式小套房形式居多，会有各种风格不同的装饰与景观；如暑期出租的学生宿舍、城市特色村落特征的旧房子。

2. 乡村民宿：以乡村文化为内涵，多依托景区或者地域特色资源而发展，乡土气息浓厚。

（二）按功能分类：纯粹住宿型和特色服务型

1. 纯粹住宿型：一般临近景区，依托周边景区的人气而发展，具有干净清爽、价格低廉等特点。

2. 特色服务型：自身也是旅游吸引物，通常结合周边旅游资源，打造温泉养生、乡村运动等特色主题，提供农业体验、生态观光多项服务。

（三）按产权分类：传统民宿和社会型民宿

1. 传统民宿：利用自用住宅空闲房间，以家庭副业方式经营。

2. 社会型民宿：外来投资者租赁房屋，以家庭主业方式经营。

（四）按产品分类：农家乐、家庭旅馆、青年旅舍、乡村别墅、酒店式公寓、客栈等

个性化经营是客栈民宿经营的主要特征，客栈民宿通常在建筑和装饰风格上具有浓厚的当地特色或店主个人特色；在经营项目上，通常可以提供自主烧烤、采摘农作物、集体娱乐活动等体验性或自助式项目。房屋数量通常在50间房屋以下的规模。

对于消费者而言，客栈民宿产品区别于标准化住宿产品的地方在于不仅实现“住”的功能，同时通过环境的营造和提供个性化服务使消费者身心舒展，感受到有别于日常生活的旅游体验。

（五）按选址区域分类：古城古镇旅游区民宿、旅游城市民宿、景区民宿、乡村旅游民宿等

1. 以丽江、凤凰等为代表的古城古镇旅游区民宿。
2. 以成都、杭州等为代表的知名旅游城市中的旅游城市民宿。
3. 以桂林、鼓浪屿等为代表的知名景区及附近区域内的景区民宿。
4. 以莫干山、桐庐等为代表的乡村旅游发达地区的乡村旅游民宿。

四、民宿的特征

（各地民宿）

（一）小规模的住宿设施

大多数民宿规模一般在5～10间，以建筑面积不超过1000平方米，且客房数量不超过25间为原则，一般在50间以下，多为民居改建而成。

（二）家庭般的住宿氛围

经营者提供有浓厚的人情味、家庭温馨或者个性化的住宿设施，注重游

客与经营者交流互动，体验居家氛围。

（三）结合本地的在地文化

结合当地历史文化、自然景观、环境资源、风土人情及农林牧副生产生活等，与当地社区居民形成接触互动，实现深度旅游体验。

（四）民宿间的价格差异大

民宿价格区间根据不同定位，分低、中、高端不同等级，差异较大。

（五）建筑装饰与服务特色鲜明

民宿在建筑、装饰与服务上都更多地体现当地文化，供游客欢聚、分享的公共开放空间。

（六）民宿本身具有旅游吸引力

民宿本是住宿业中的一种，独特的建筑造型和气质、主人的亲和力和精致舒适的房间布置，以及纯粹田园式的居住环境、美味的餐点，使其自身即具有旅游吸引力。很多人来民宿纯粹是为了体验民宿而非为了到该地区旅游。民宿为游客提供了与大自然对话的窗口，使久居都市的人能在这里接受大自然的洗礼、欣赏自然景观、倾听蛙鸣鸟唱。

（七）民宿旅游与乡村旅游农家乐

民宿旅游是乡村旅游的高级发展模式。近年衍生的游居、野行、居游、轻建设、场景时代等原创新概念，逐步让乡村旅游从观光式旅游过渡为度假式深度体验游。

民宿与乡村旅游农家乐相比，一般具有以下几个特征：

1. 民宿以“慢生活、家庭式服务、趣味体验”取胜，主人提供亲情式服务，无须穿工作制服，与客人同吃同住，注重交流，分享人生体验，且民宿主人具有一定的文学修养、丰富的人生阅历、独特的人生经验或具备某项技术专长。

2. 民宿是利用农民现有的闲置房屋经营或出租，规模一般不大。

3. 游客在某种程度上涉入农家生活，体验农村生活方式。

4. 对民宿主人或经营者来说，民宿旅游是一种日常惯有的生活方式，并不因客人的到来与否而改变。

对于当下的中国，民宿产业的发展仍然与乡村与农业的多路径发展有着复杂的交织，民宿一方面肩负着促进乡村旅游升级发展，转变农业生产方式，强村惠民的重要功能；另一方面又承载着大批返乡“新农人、新创客”对美丽中国乡村梦的追寻。

（无华民宿重庆歌乐山民宿）

【拓展学习：台湾民宿特点】

◆ **台湾民宿特点——闻·乡土之味**

在苗栗三义乡一家叫同心园的民宿，一进门，色彩斑斓的客家花布装饰扑面而来，一楼长桌上摆满了当地景点的介绍，作为岛内客家人聚居地的历史和文化等，均有小手册详尽记录，并免费提供给住客。桌上另一头，一排彩绘木鸭、手工花布包等三义乡特色手工艺品，摆在店里寄卖。贴心的安排，常常让人还没有开始逛景点，就已经开始品读这个乡镇的文化和历史。

（同心园民宿客房）

◆ **台湾民宿特点——品·生活态度**

位于彰化县鹿港的童年往事庄园民宿，被不少大陆“驴友”和“背包客”奉为“业界良心”，推荐指数爆棚。47岁的民宿主人吴志忠称，“我们打造的不仅仅是一间民宿，更是一种既向前看又珍惜过往和现在的生活态度。”在吴志忠的计划里，一间私人收藏馆不久将会在民宿内落成，用来留住那些生活中可能失落的记忆，提醒游客们向前走时不忘初心。

（图片来自无华艺宿）

◆ **台湾民宿特点——玩 · 稀奇古怪**

以巧克力为主题的民宿：如苗栗巧克力云庄，仿佛把电影巧克力工厂搬到了现实中，巧克力云庄也拥有属于自己的巧克力生产工厂。

（巧克力产品）

以监狱为主题的监狱民宿：台东背包监狱民宿，入住房客都可以换上“囚衣”，戴上手铐拍“口卡照”，而且如果房客不付房租，也可以打扫民宿，打工换住宿。

（监狱民宿室内场景）

以童话为主题的民宿：如垦丁船帆石·恋恋莎堡。茄子堡是一栋蓝紫色的童话城堡，大门口花园摆着知名童话故事“石中剑”与“国王宝座”，里面有专为小公主预备的童话城堡，男孩最爱的丛林树屋，还配以各种主题房，有爱丽斯花园双人房、佛朗明哥四人房、北欧小馆四人房、城堡乐园四人房、法老王双人房等等，充满异域风情和各种奇思妙想。

（主题客房）

◆ **台湾民宿特点——分享·梦想与热情**

苗栗三义乡的福田瓦舍是当地一家颇有名气的民宿。店老板原来在补习班教书，后来回乡买了30公顷的土地，自己设计盖了栋小楼，经营起民宿。店老板廖老师说，与客人一起分享自己的劳动成果，是他们最开心的事。

（福田瓦舍民宿）

◆ **台湾民宿特点——感·人情味**

据大陆客回忆，在岛内曾投宿过多处民宿，事先联系好后，每次都是刚下车，就看到民宿老板翘首以待地等在站台，然后，接过背包，用自家的车接到民宿。促膝长谈、对影邀杯、谈遍风花雪月……老板还会开吉普车带你到溯溪去夜泡野溪温泉……太多勒。这种乐趣，不是住旅馆和饭店能体验到的乐趣。

（台湾民宿）

【拓展学习：中华人民共和国旅游行业标准——旅游民宿基本要求与评价】

中华人民共和国旅游行业标准

LB/T 065—2019

旅游民宿基本要求与评价

2019年7月3日起实施。

前　言

本标准按照GB/T 1.1—2009给出的规则起草。

本标准代替LB/T 065—2017《旅游民宿基本要求与评价》，与LB/T 065—2017相比主要技术内容变化如下：

——更加体现发展新理念，体现文旅融合；

——加强对卫生、安全、消防等方面的要求，健全退出机制；

——将旅游民宿等级由金宿、银宿两个等级修改为三星级、四星级、五星级3个等级；

——明确了三星级、四星级、五星级旅游民宿的划分条件。

本标准由中华人民共和国文化和旅游部提出。

本标准由全国旅游标准化技术委员会(SAC / rJrC 210)归口。

本标准起草单位：中华人民共和国文化和旅游部市场管理司、浙江省文化和旅游厅、浙江旅游职业学院。

本标准主要起草人：章艺、刘克智、杨建武、余昌国、吴健芬、杨彦锋、李明星、林卫兴、刘瀛、张一、沙绍举、曾安明。

旅游民宿基本要求与评价

1 范围

本标准规定了旅游民宿的等级和标志、基本要求、等级划分条件、等级划分方法。

本标准适用于正式营业的小型旅游住宿设施，包括但不限于客栈、庄园、宅院、驿站、山庄等。

2 规范性引用文件

下列文件对于本文件的应用是必不可少的。凡是注日期的引用文件，仅注日期的版本适用于本文件。凡是不注日期的引用文件，其最新版本（包括所有的修改单）适用于本文件。

GB 5749 生活饮用水卫生标准

GB 50222 建筑内部装修设计防火规范

3 术语和定义

下列术语和定义适应于本文件。

3.1 **旅游民宿** homestay inn

利用当地民居等相关闲置资源，经营用客房不超过4层、建筑面积不超过800m²。，主人参与接待，为游客提供体验当地自然、文化与生产生活方式的小型住宿设施。

注：根据所处地域的不同可分为城镇民宿和乡村民宿。

3.2 **民宿主人** owner；investor

民宿业主或经营管理者。

4 等级和标志

4.1 旅游民宿等级分为3个级别，由低到高分别为三星级、四星级和五星级。

4.2 星级旅游民宿标志由民居与五角星图案构成，用三颗五角星表示三星级，四颗五角星表示四星级，五颗五角星表示五星级。

4.3　旅游民宿等级的标牌、证书由等级评定机构统一制作。

5　基本要求

5.1　规范经营

5.1.1　应符合治安、消防、卫生、环境保护、安全等有关规定与要求，取得当地政府要求的相关证照。

5.1.2　经营场地应符合本市县国土空间总体规划（包括现行城镇总体规划、土地利用总体规划）、所在地民宿发展有关规划。

5.1.3　服务项目应通过文字、图形方式公示，并标明营业时间，收费项目应明码标价。

LB / T 065—2019

5.1.4　经营者应定期向文化和旅游行政部门报送统计调查数据，及时向相关部门上报突发事件等信息。

5.2　安全卫生

5.2.1　经营场地无地质灾害和其他影响公共安全的隐患。

5.2.2　易发生危险的区域和设施应设置安全警示标志，安全警示标志应清晰、醒目；易燃、易爆物品的储存和管理应采取必要的防护措施，符合相关法律法规。

5.2.3　应配备必要的防盗、应急、逃生安全设施，确保游客和从业人员人身和财产安全。

5.2.4　应建立各类相关安全管理制度和突发事件应急预案，落实安全责任，定期演练。

5.2.5　食品来源、加工、销售应符合相关食品安全国家标准要求。

5.2.6　从业人员应按照要求持健康证上岗。

5.3　生态环保

5.3.1　生活用水（包括自备水源和二次供水）应符合GB 5749要求。

5.3.2　室内外装修与用材应符合环保规定，达到GB 50222的要求。

5.3.3　建设、运营应因地制宜，采取节能减排措施，污水统一截污纳管或自行有效处理达标排放。

5.4　其他

5.4.1　旅游民宿开业一年后可自愿申报星级评定，近一年应未发生相关违法违规事件，同一地点、同一投资经营主体只能以一个整体申报。

5.4.2　经评定合格可使用星级标志，有效期为三年，三年期满后应进行复核。

5.4.3　旅游民宿评定实行退出机制，经营过程中出现以下情况的将取消星级：

a）发生相关违法违规事件；

b）出现卫生、消防、安全等责任事故；

c）发生重大有效投诉；

d）发生私自设置摄像头侵犯游客隐私等造成社会恶劣影响的其他事件；

e）日常运营管理达不到或不符合相应星级标准要求。

取消星级后满三年，可重新申请星级评定。

6　等级划分条件

6.1　三星级

6.1.1　环境和建筑

6.1.1.1　周边环境应整洁干净。

6.1.1.2　建筑外观应与周边环境相协调。

6.1.2　设施和设备

6.1.2.1　客房应配备必要的家具。

6.1.2.2　客房应有舒适的床垫和床上棉织品（被套、被芯、床单、枕芯、枕套等）及毛巾。

6.1.2.3　客房应有水壶、茶杯。

6.1.2.4　客房应有充足的照明，有窗帘。

6.1.2.5　应有方便使用的卫生间，提供冷、热水。照明和排风应效果良好，排水通畅，有防滑防溅措施。

6.1.2.6　各区域应有方便使用的开关和电源插座。

6.1.2.7　厨房应有消毒设施，有效使用。

6.1.2.8　厨房应有冷冻、冷藏设施，生、熟食品及半成食品分柜置放。

6.1.2.9　应有适应所在地区气候的采暖、制冷设施，各区域通风良好。

6.1.3　服务和接待

6.1.3.1　各区域应整洁、卫生，相关设施应安全有效。

6.1.3.2　客房床单、被套、枕套、毛巾等应做到每客必换，并能应游客要求提供相应服务。

6.1.3.3　拖鞋、杯具等公用物品应一客一消毒。

6.1.3.4　卫生间应每天清理不少于一次，无异味、无积水、无污渍。

6.1.3.5　应有有效的防虫、防蛇、防鼠等措施。

6.1.3.6　民宿主人应参与接待，邻里关系融洽。

6.1.3.7　接待人员应热情好客，穿着整齐清洁，礼仪礼节得当。

6.1.3.8　接待人员应能用普通话提供服务。

6.1.3.9　接待人员应掌握并应用相应的服务技能。

6.1.3.10　接待人员应保护游客隐私，尊重游客的宗教信仰与风俗习惯，保护游客的合法权益。

6.1.3.11　夜间应有值班人员或值班电话。

6.1.4　特色和其他

应为所在乡村（社区）人员提供就业或发展机会。

6.2　**四星级**

6.2.1　环境和建筑

6.2.1.1　周边环境应整洁干净，绿植维护较好，宜有良好的空气质量和地表水质。

6.2.1.2　周边宜有医院或医疗点。

6.2.1.3　周边宜有停车场，方便出入。

6.2.1.4　周边宜有地方特色餐饮。

6.2.1.5　周边宜有地方生产生活方式活动体验点。

6.2.1.6　建筑外观应与周边环境相协调，宜体现当地特色。

6.2.2　设施和设备

6.2.2.1　客房应配备必要的家具，摆放合理、方便使用、舒适美观。

6.2.2.2　客房应有舒适的床垫和柔软舒适的床上棉织品（被套、被芯、床单、枕芯、枕套及床衬垫等）及毛巾。

6.2.2.3　客房应有水壶、茶杯和饮用水。

6.2.2.4　客房应有充足的照明，有窗帘，隔音效果较好。

6.2.2.5　应有方便使用的卫生间，24 h供应冷水，定时供应热水。照明和排风应效果良好，排水通畅，有防滑防溅措施。客房卫生间盥洗、洗浴、厕位宜布局合理。

6.2.2.6　各区域应有满足游客需求、方便使用的开关和电源插座。

6.2.2.7　宜有满足游客需求、方便使用的餐饮区。

6.2.2.8　厨房应有消毒设施，有效使用。

6.2.2.9　厨房应有与接待规模相匹配的冷冻、冷藏设施，生、熟食品及半成食品分柜置放。

LB / T 065—2019

6.2.2.10　应有清洗、消毒场所，位置合理，整洁卫生，方便使用。

6.2.2.11　应有布局合理、方便使用的公共卫生间。

6.2.2.12　应有适应所在地区气候的采暖、制冷设施，效果较好，各区域通风良好。

6.2.2.13　宜有与接待规模相匹配的公共区域，配置必要的休闲设施。

6.2.2.14　室内外装修宜体现文化特色。

6.2.3　服务和接待

6.2.3.1　各区域应整洁、卫生，相关设施应安全有效。

6.2.3.2　客房床单、被套、枕套、毛巾等应做到每客必换，并能应游客要求提供相应服务。

6.2.3.3　拖鞋、杯具等公用物品应一客一消毒。

6.2.3.4　卫生间应每天清理不少于一次，无异味、无积水、无污渍。

6.2.3.5　应有有效的防虫、防蛇、防鼠等措施。

6.2.3.6　应提供或推荐多种特色餐饮产品。

6.2.3.7　接待人员应热情好客，穿着整齐清洁，礼仪礼节得当。

6.2.3.8　接待人员应熟悉当地文化旅游资源和特色产品，用普通话提供服务。

6.2.3.9　接待人员应掌握并熟练应用相应的服务技能。

6.2.3.10　接待人员应满足游客合理需求，提供相应服务。

6.2.3.11　接待人员应保护游客隐私，尊重游客的宗教信仰与风俗习惯，保护游客的合法权益。

6.2.3.12　夜间应有值班人员或值班电话。

6.2.4　特色和其他

6.2.4.1　宜建立有关规章制度，定期开展员工培训。

6.2.4.2　宜建立水电气管理制度，有设施设备维保记录。

6.2.4.3　宜提供线上预定、支付服务，利用互联网技术宣传、营销。

6.2.4.4　宜购买公众责任险以及相关保险。

6.2.4.5　应为所在乡村（社区）人员提供就业或发展机会。

6.3　**五星级**

6.3.1　环境和建筑

6.3.1.1　周边环境应整洁干净、环境优美，宜有良好的空气质量和地表水质。

6.3.1.2　周边宜有医院或医疗点。

6.3.1.3　宜设有民宿导向系统，标志牌位置合理、易于识别。

6.3.1.4　周边宜有停车场，方便出入。

6.3.1.5　周边宜有较多地方特色餐饮。

6.3.1.6　周边宜有地方非遗、风俗、生产生活方式等活动体验点。

6.3.1.7　建筑外观应与周边环境相协调，宜就地取材，突出当地特色。

6.3.2　设施和设备

6.3.2.1　客房、餐厅、公共活动等区域应布局合理。

6.3.2.2　客房应配备必要的家具，品质优良，摆放合理、方便使用、舒适美观。

6.3.2.3　客房应有品质优良的床垫和床上棉织品（被套、被芯、床单、枕芯、枕套及床衬垫等）及毛巾。

6.3.2.4　客房应有水壶、茶具和饮用水，品质优良。

6.3.2.5　客房应有充足的照明，有窗帘，遮光和隔音效果较好。

6.3.2.6　客房应有方便舒适的独立卫生间，24 h供应冷、热水，客用品品质优良。照明和通风应效果良好，排水通畅，有防滑防溅措施。盥洗、洗浴、厕位布局合理。

6.3.2.7　餐厅宜氛围浓郁、方便舒适，满足游客需求。

6.3.2.8　各区域应有满足游客需求、方便使用的开关和电源插座。

6.3.2.9　应有专门的布草存放场所，位置合理，整洁卫生。

6.3.2.10　宜提供方便游客使用的消毒设施。

6.3.2.11　厨房应有消毒设施，有效使用。

6.3.2.12　厨房应有与接待规模相匹配的冷冻、冷藏设施，生、熟食品及半成食品分柜置放。

6.3.2.13　应有清洗、消毒场所，位置合理，整洁卫生，方便使用。

6.3.2.14　应有布局合理、整洁卫生、方便使用的公共卫生间。

6.3.2.15　应有适应所在地区气候的采暖、制冷设施，效果较好，各区域通风良好，宜采用节能降噪产品。

6.3.2.16　应有主题突出、氛围浓郁、与接待规模相匹配的公共活动区域，配置必要的休闲设施。

6.3.2.17　室内外装修应材质优良，宜体现地方文化特色，有主题。

6.3.2.18　宜提供方便有效的音响、充电、调控等智能化设施。

6.3.3　服务和接待

6.3.3.1　各区域应整洁、卫生，相关设施应安全有效。

6.3.3.2　客房床单、被套、枕套、毛巾等应做到每客必换，并能应游客要求提供相应服务。

6.3.3.3　拖鞋、杯具等公用物品应一客一消毒。

6.3.3.4　卫生间应每天清理不少于一次，无异味、无积水、无污渍。

6.3.3.5　应有有效的防虫、防蛇、防鼠等措施。

6.3.3.6　应提供或推荐多种特色餐饮产品。

6.3.3.7　接待人员应热情好客，穿着整齐清洁，礼仪礼节得当。

6.3.3.8　接待人员应熟悉当地文化旅游资源和特色产品，用普通话提供服务。

6.3.3.9　接待人员应掌握并熟练应用相应的服务技能。

6.3.3.10　接待人员应满足游客合理需求，提供相应服务。

6.3.3.11　接待人员应保护游客隐私，尊重游客的宗教信仰与风俗习惯，保护游客的合法权益。

6.3.3.12　夜间应有值班人员或值班电话。

6.3.3.13　宜提供接送服务，方便游客抵达和离开。

6.3.4　特色和其他

6.3.4.1　民宿主人宜有亲和力，游客评价高。

6.3.4.2　应提供不同类型的特色客房。

6.3.4.3　宜建立健全有关规章制度，定期开展员工培训，效果良好。

6.3.4.4　宜建立食品留样制度。

6.3.4.5　宜建立设施设备维护保养、烟道清洗、水箱清洗等管理制度，定期维保、有效运行。

6.3.4.6　宜建立健全水电气管理制度，有台账记录。

6.3.4.7　宜提供线上预定、支付服务，利用互联网技术宣传、营销，效果良好。

6.3.4.8　宜购买公众责任险以及相关保险，方便理赔。

6.3.4.9　应有倡导绿色消费、保护生态环境的措施。

6.3.4.10　应为所在乡村（社区）人员提供就业或发展机会，参与地方或社区公益事业活动。

6.3.4.11　宜参与地方优秀文化传承、保护和推广活动，定期为游客组织相关活动，有引导游客体验地方文化活动的措施。

6.3.4.12　宜利用地方资源开发旅游商品和文创产品，与当地居民或村民有良好互动。

7　等级划分方法

7.1　根据旅游民宿划分条件，按照必备项目检查表和一般要求评分表的评价得分确定旅游民宿等级。

7.2　必备项目检查表、一般要求评分表及等级划分具体办法由等级评定机构制定。

学习思考题

1. 简述民宿的定义与起源。
2. 简述民宿的基本类型与特征。
3. 结合课程拓展学习，调研当地民宿的类型及发展特色。

项目二　中外民宿发展概况

【教学目标】通过项目二学习，学生能认知中外民宿发展概况，具备分析中外民宿演变，思考、展望中国民宿现状与未来发展的能力。

【教学内容】中外民宿发展历程；中外民宿的演变及发展特色；中国民宿的发展现状与展望。

【教学方式】建议教师结合教材，运用讲授法、案例分析法、参观考察教学法等进行教学。

【教学课时】建议教学4课时。

一、中外民宿发展历程

（一）境外民宿的发展历程

1. 起步发展阶段

这一阶段，民宿依托景区发展。1951年，法国第一个农村民宿开张；1960年英国出现了采用B & B型的家庭旅馆，被称为最早的民宿。1970年，美国民宿以居家式/青年旅舍的形式兴起。

2. 规范发展阶段

这一阶段，民宿在政府的引导下开始规范发展。1990年，英国等地区成立各类协会等部门，引导民宿发展。2000年法国等地区修订法规，对民宿的设立标准进行规范。

3. 全面发展阶段

这一阶段，民宿自身成为旅游吸引物。当前，由于全球化的发展，国外的民宿业向着专业化、高端化方向发展。

在境外民宿发展历程中，英国以观光农场经营民宿的发展方式呈现，属于副业收入经营，40%的旅客选择民宿过夜。法国仍采用B & B方式经营，民宿经营以保护农舍为目的，民宿收入仅作家庭补贴。美国民宿以居家式为突出，多以青年旅舍、家庭旅馆的形式呈现，价格相对便宜。在亚洲，以日本为代表。日本民宿属于旅馆的一种，多位于景区，地方特色鲜明的区域。日本的民宿是由一些登山、滑雪、游泳等爱好者租借民居而衍生并发展起来的，因而多位于山水奇险之地。后来，这些山水奇险之地慢慢发展成为旅游观光胜地，于是，民宿的对象也不再仅仅是一些运动爱好者，这是日本民宿由分割自家房子租借转而经营家庭式旅馆的重要契机之一。

（二）我国民宿的发展历程

1. 我台湾民宿的发展历程

我国台湾地区民宿的创意源于欧洲的B & B式旅馆，即提供住宿和早餐的家庭旅馆。

台湾民宿的发展大致可以分为以下几个阶段。

（1）20世纪80年代，旅游景区的住宿设施不足，当地居民便自发性将闲置的房屋出租给游客使用。

（2）20世纪90年代，台湾农业受到贸易自由化与市场开放的冲击，不得不由传统的耕作型向休闲型转型，随着休闲观念在都市的流行，这种由农民提供给游客吃住游玩的新消费品“民宿”开始流行起来。

（3）2011年台湾双休日的实施，促进了民宿业的发展。

台湾民宿起源20世纪80年代，后来居上，成为全球民宿发展最成熟的地区，民宿自身成为核心吸引力之一。

2. 大陆民宿的发展历程

我国大陆的民宿起步较晚，一部分民宿仍停留在简单提供住宿或餐饮的初级阶段。

（1）萌芽阶段（20世纪八九十年代）

这一阶段，我国农业结构开始发生变化，由传统农业向现代农业转变，一部分农民利用自己的庭院和责任田从事旅游接待活动。例如，四川省成都市郫县农科村的刘家大院。这一阶段最明显的特征是简单粗放，尚未形成民宿的雏形。

（2）发展阶段（20世纪90年代至2005年）

随着民宿逐渐被游客接受和喜爱，民宿的发展也越来越快，从事旅游接待的民宿从业者不断增加，规模不断扩大，服务不断提升。这一阶段的主要特点是经营设施逐渐得到改善，民宿经营者逐渐树立起现代服务意识和服务理念，经营行为由自发向自觉转变，2003年，“家庭旅馆”这一概念被引入中国，家庭旅馆缓解了旅游旺季住宿的紧张困境。这一阶段民宿得到了很大的发展。

（3）迅速发展阶段（2005年至今）

这一阶段，民宿呈现井喷式发展态势，竞争日益激烈，出现了众多规模化的民宿。如发源丽江的花间堂民宿，安徽莫干山民宿。在我国的丽江、厦门等地，家庭旅馆已经成为当地的一大旅游特色，投资家庭旅馆也成为热点。但除了这些旅游资源独特的地区，家庭旅馆的发展并不显著。

二、中外民宿的演变与发展特色

世界民宿发展，起源于英国，成熟于中国台湾，呈现主题化、高端化发展趋势。各地区民宿发展自成体系，成为新型旅游吸引物。

（一）欧洲民宿的演变与发展特色

在欧洲，民宿发展以英国、法国最为突出，是民宿发展的起源地；开发形式为优先保护农舍，结合农庄开发，采用副业形式经营。政府为防止民宿走上工业化道路，限制房间数，保护农业文化。欧洲乡村民宿起源于20世纪70年代，包含了观光体验、休闲农场、户外骑行、家庭活动等多种体验形式，并在管理法规、产品开发以及专案策划上，形成了成熟的乡村民宿经营模式。

1. 英国民宿的演变与发展特色

在英国，因维持农业历史遗产发展而来的英国民宿，有着严格等级评定和审查标准，且自助式的民宿形态很受欢迎。

20世纪60年代初期，英国的西南部与中部人口较稀疏的农家，为了增加收入开始出现民宿，当时的民宿数量并不多，是采用B & B（Bed and Breakfast）的经营方式，它的性质是属于家庭式的招待，这就是英国最早的民宿。到了70年代后期，民宿经营的范围扩大至露营地、度假平房（Flat），并运用集体营销的方式，联合当地的农家组成自治会，共同推动民宿的发展。在公元1983年由民间设立“农场假日协会”（Farm Holiday Bureau），并获得农业主管团体与政府观光局的支持。农场假日协会根据规章条文将民宿应具备的水平加以分级，其会员必须是向农渔粮食部登录有案的农场经营者或经营农家住宿设施向协会登记且具有一定服务质量水平者。

英国民宿始于20世纪70年代，在1968年Countryside Act特别强调地主有义务维持英国农业历史的遗产后，英国屋主因孩子外出工作或念书，将空出的房间以B & B为经营内涵发展民宿。英国民宿不单有1983年设立的全国性农场假日协会还有观光局对其进行管理。观光局每年都会对农家民宿进行突击检查，不但采用六级皇冠分级认证方式对民宿设施进行评级，还根据等级分别制定相应的审查标准。英国有23%的农场经营与观光有关的业务，每个农场供住宿的房间为2~6间，6~8个床位。大多数经营者都将民宿容客量定于6人以下，因为英国民宿有严格规定，6人以上的民宿在卫生条件上有较为严格的限制，而且苛税也较重。英国的农庄游客族群以全家旅游与“夫妻档”居多，全家旅游的游客偏好自助式的民宿形态。因为他们热衷于短期度假，加上这种方式花费较低，60%的人一次会停留一周左右，游客的忠诚度非常高。

（英国民宿）

2. **法国民宿的演变与发展特色**

法国民宿业以家族形态为经营方式的法国民宿，虽有民宿法的严格约束和限定，但加入政府公认的民宿相关联盟（协会）会获得政府的资金补助。

1951年，法国第一个农村民宿开张。1952年，农业部发放补助给投入民宿经营的农民，同时，农业信贷银行和旅馆信贷银行也提供优惠贷款。1955年，法国民宿联合会成立，印发的第一本民宿指南共收录146个地址。在法国，民宿的发展是从简单的小农庄开始的，经过不断发展法国民宿形态日益多元，除了常见的依托农庄而建的乡村民宿之外，有毗邻城市中心的复古阁楼，甚至还有文艺复兴时期的文艺古堡。通过一栋栋居家风格迥异的民宿，游客们能很好地感受并融入周围的产业环境，充分领略当地历史风貌与现代产业文化相结合的魅力。法国政府对民宿的经营规模、安全规范及食品标准都有着严格的规范，此外还成立了民宿联盟协会对民宿的经营、建设予以指导和支持。

（1）制定标准。B & B 方式的经典模式。限定民宿房间最多不得超过5间，超过5间的则称之为旅馆。

（2）划分等级。法国民宿联盟（协会）会依据标准，以法国乡村常见的麦穗枝数加以反映，从一枝到最高的五枝，提供了一个良好的技术支持及交流平台。

（3）资金保障。政府鼓励，法国政府会向民宿相关联盟（协会）的会员提供多种形式的资金补助，民宿经营者可以通过申请加入民宿联盟（协会）以获得政府的资金补助。

（法国民宿）

（二）美洲地区民宿的演变与发展特色

美国乡村民宿产生于第二次世界大战后，形成了以长时间停留的度假休闲方式，采用以农舍为据点向外从事各式各样的活动形式。

（1）发展特色：美国民宿发展相对成熟，以居家式为特点。

（2）开发形式：以青年旅舍、家庭旅馆的形式呈现，价格相对便宜。

（三）亚洲民宿的演变与发展特色

亚洲地区民宿发展以中国台湾、日本为经典，是全球民宿发展的精品代表。开发形式为不同主题风格的民宿类型成为旅游核心吸引物之一，并呈现高端化、精品化、高服务化的趋势。亚洲民宿早期兴起于日本与中国台湾，起初以家庭副业的形式经营。亚洲乡村民宿发展于20世纪90年代，主要以绿色旅游、社区发展的形式，增强乡村居民的参与性。

1.日本民宿的演变与发展特色

日本民宿主要分为洋式民宿和农家民宿，日本民宿的起源，是由租借民居歇脚或暂住而刺激兴起的行业。它是由一些登山、滑雪、游泳等爱好者租借民居而衍生并发展起来的，因而多位于山水奇、险之地。后来，这些奇、险之地慢慢发展为旅游观光胜地，于是，民宿的对象也不再仅仅是一些运动爱好者，这是日本民宿由分割自家房子租借转而经营家庭式旅馆的重要契机之一。

（1）日本民宿分为名宿和隐宿。

1）名宿，一般指的是町家、庵、寺、院、亭、庄、翠。基本上民宿的建筑遵照日本传统建筑，加入各地民风色彩所形成，它们往往是以前皇亲贵族的官邸别墅或者是某个达官贵人的祖屋，一般民宿自身就已经是个历史文物或者风景名胜，在日本国内已经富有一定的名气。例如，栋家旅馆、玄妙庵，称之为名宿，是因为它们基本上是日本最传统文化的体现。

（日本名宿）

2）隐宿，一般指民宅改建，它们没有特定的名字，散布在日本城市的大街小巷，隐藏在各个风景名胜区。隐宿比名宿更隐蔽宁静，是日本本土很多文人墨客的最爱。

（日本隐宿）

（2）日本民宿有和式民宿和欧式民宿

1）和式民宿即日式家庭旅馆，大多是一般家庭将多出来，没有使用的房间加以整理、装潢后提供给游客作为短期住宿之用。日式民宿一般提供“一泊二食”，一夜住宿加上晚餐和第二天早餐。

2）欧式民宿，展示欧式风格的民宿。提供的晚餐多以正统的法式料理或日本传统料理为主。目前日本的欧式民宿大致集中在北海道与东京近郊的信州。

日本民宿经过长期的竞争，曾有增减的现象。由于经济变化一度没落，近年来又再度呈现复苏的趋势。目前，日本民宿已趋向专业化经营，民宿经营者大多以招揽追求“安、近、乐”的休憩族为主。民宿开设地点多位于观光景点周边、海滨、农村、山村等地区。

（3）日本民宿经营特色

1）许可制。日本与欧美国家一样重视法治、安全风险及环境维护，因此即便偏远地区的简易民宿都采取许可制，营业须先取得执照，禁止非法经营，有各种立法条款来规范。

2）体验型。为吸引顾客创造或提供各种特定体验“菜单”，体验项目均系以特定农作业或地方生活技术及资源为设计主题。

诸如，农业体验、林业体验：菇菌采拾、烧炭等；渔业体验、加工体验：做豆腐、捏寿司等；工艺体验：押花、捏陶等；自然体验：观星、野菜药草采集、昆虫采集、标本制作等；民俗体验：地方祭奠、民俗传说、风筝制作等；运动体验：滑雪、登山等。

2. 中国台湾民宿的演变与发展特色

（1）台湾民宿的演变

台湾民宿是仿效日本模式，在台湾发展约有20年之久，开始时式样接近日式，其后慢慢展现出自己的特殊风格。

1）1980—2000年为起始发展阶段。1980年左右，在垦丁公园开始发展民宿。此后，山区、产茶区和风景区、休闲农业区也因游憩假日的旅馆住宿供应不足，有空闲房子的人家开始挂起民宿的招牌，满足登山旅游者喜欢借住山区房舍的需求，或直接到饭店门口、车站等地招揽游客，民宿行业慢慢兴起。1991年台湾原住民行政局辅导原住民利用空屋与当地特有环境经营民宿，增加原住民收入。在非原住民地区的风景特定区及各观光景点亦有不少人将空置的房舍改建或以新建楼房出租给旅客住宿，推动了当地观光旅游产业的发展。

2）2001—2006年为快速发展阶段。2001年台湾“民宿管理办法”的公布实施是台湾民宿发展的重要分水岭，较好地适应周末双休制后，人们休闲时间增加、社会价值观与旅游习惯改变，由观光游憩方式逐渐转向乡野体验、享受自然的态势。民宿也因满足人们身心休养及结合人文寓教于乐，而迅速发展成为台湾一个新兴农业行业。

3）2007年以后为成熟发展阶段。在此阶段，台湾民宿越来越注重多样化发展，很多民宿结合当地的自然人文环境，应用创意和美学元素，打造各具创意、特色主题的民宿产品，民宿朝精致化、豪华化、高价化以及高服务化方向发展。

（2）台湾民宿的运营模式

1）民宿本身的实体特色

自然化、平民化、平价化、亲民化的主要经营目标；独特的建筑及自然景观；主人的亲和力和人文舒适的房间设置；结合当地自然资源，与周边生态环境协调发展；与当地产业联合互促发展；准确的市场定位和经营内容，逐渐细化市场。

2）政策积极引导支持

政府是民宿产生与发展的一大推动力；通过立法为民宿健康发展提供依据；台湾2001年出台的《民宿管理办法》第一章第二条指出：民宿系指利用自用住宅空闲房间，结合当地人文、自然景观、生态、环境资源及农林渔牧生产活动，以家庭副业方式经营，提供旅客乡野生活之住宿处所；其经营规模，以客房数数间以下，且客房总楼地板面积150平方米以下为原则。但位于原住民保留地、经农业主管机关核发经营许可证登记证之休闲农业区、观光地区、偏远地区及离岛地区之特色民宿，得以客房数15间以下，且客房总楼地板面积200平方米以下之规模经营。此定义完全诠释了民宿有别于旅馆或饭店的特质。民宿法例条文精细化正确引导市场实际操作机制；政府主导举办各类学习班。

（中国台湾民宿）

3. 大陆民宿的演变与发展特色

（1）大陆民宿的起源与演变。一是偏重住宿家庭旅馆。可以追溯到古代的民间旅舍“逆旅”，在现代则是20世纪90年代初为解决假日旅游住宿难问题而出现的旅馆。二是偏重餐饮的农家乐，与国内始于20世纪80年代的乡村旅游关系密切，最初发源于休闲之都——四川成都，后来发展到成都平原，四川盆地，直至全国。

（2）大陆民宿的发展特色体现在土地非私有，经营者与业主非同一主体，无强烈的传承意愿；民宿与农业生产活动基本无关，以投资盈利为最主要的目的之一，更注重经济效应，可复制性；经营主体多元化，业主、投资者、营运者各司其职，运营模式偏酒店化，主人文化相对缺失；行业规范和相关法规滞后，中国地域发展不平衡和文化差异，民宿产品极度的参差不齐，无明确的行业规范约束；政府政策导向的不确定性和大众消费的跟风效应，追求短期内速成，导致非理性的圈地扩张。

（3）大陆民宿运营模式，在选址方面特色体现在小众化，偏爱自然气息和人文体验；在民宿运营方面体现在采用非标准住宿，经营主体多元化，有家庭作坊式管理特点。在民宿产品特征方面，民宿产品体量小，个人色彩重，服务亲和力强。

三、中国民宿的发展现状与展望

（一）中国民宿的发展现状

民宿是指利用自用住宅空闲房间，或者闲置的房屋，结合当地人文、自然景观、生态、环境资源及农林渔牧生产活动，以家庭副业方式经营的住宿处所。在国内，民宿还属于新兴产业，发端于“分享经济”在国内的普及。近几年随着消费升级、居民对旅游住宿的需求日益细分，富于人文情怀、价格美好的民宿逐渐成为旅游，尤其是高景气度的周边游的重要入口。

2016年1月27日，中央一号文件《关于落实发展新理念加快农业现代化实现全面小康目标的若干意见》发布，其中明确指出要大力发展休闲农业和乡村旅游，有规划地开发休闲农庄、乡村酒店、特色民宿、自驾露营、户外运动等乡村休闲度假产品。

2017年8月21日，国家旅游局发布了《旅游经营者处理投诉规范》《文化主题旅游饭店基本要求与评价》《旅游民宿基本要求与评价》《精品旅游饭店》等4项行业标准，并从2017年10月1日起实施。这意味着，对行业标准呼吁已久的国内民宿、精品酒店等非标准化住宿行业终于迎来了统一规范。2018年3月，国务院出台《关于促进全域旅游发展的指导意见》，明确指出城乡居民可以利用自有住房依法从事民宿等旅游经营。

共享房屋的先驱Airbnb火爆之后，在中国涌现了小猪等一批中国民宿经营企业，资本的推波助澜、自助游的兴起，让民宿开始逐渐被大众所接受。途家、小猪、住百家已经成为国内民宿业第一梯队的领路者，验证了海内外民宿强大的生命力。

2017年，我国共享住宿市场交易规模约145亿元，比上年增长近70%。共享住宿平台的国内房源数量约300万套，参与者人数约为7800万人，其中房容约7600万人。随着共享经济的继续渗透，预计未来几年，民宿短租不但会继续提升自身的发展，整合市场，进入淘汰期，更会以自身优质的服务与内涵影响更多游客，获得更长足的发展。

1. 从发展时机看，中国在线客栈民宿预订市场正处于爆发式增长期，2017年9月30日，易观发布的《中国在线民宿市场四维分析报告》显示，2017年中国在线民宿市场交易规模达到66.9亿元人民币，同比增长26.6%，2018年，在线民宿已经成了重要的住宿业态。截至2018年2月1日，全国已有23个省、市、自治区出台民宿扶持政策，法规与标准的密集出台表明了对民宿发展的支持态度和行业标准化的引导。在住宿类型的选择上中外游客的偏好十分相似，选择别具特色的客栈和民宿已经成为当前国内旅游住宿的一大趋势。

2. 从地域上看，民宿主要分布于旅游资源丰富的南方的著名的景点和旅游目的地城市，如杭州、丽江、大理、阳朔等地，具有天然的“地利”，民宿数量增长较快，品质也很高。

3. 从价格方面来看，中国的大陆民宿还是属于较经济的住宿产品，65%的客栈民宿价格低于200元，离民宿发达的国家或地区如日本、中国台湾等差距较大。

4. 民宿经济从“1.0”时代向“2.0”时代飞跃。民宿经济缘起旅游业，但并不局限于旅游业。从传统旅游景点的经营到旅游项目的拓展，再从旅游产业链建设到当前的全域旅游发展，这种不断拓展的旅游产业和发展形式，其实早已突破原有而纯粹的“旅游”概念，转而成为更加注重感受化、体验化与价值化的“全域”旅游产品的“个性选择”。也正是在这种价值选择的推动下，民宿经济才悄然兴起并快速发展，成为当前旅游经济的“新秀”，并随着网络技术的支撑和传播快速成为“网红”，实现着从“1.0”时代向“2.0”时代的飞跃。

民宿经济的快速崛起，特别是农村民宿经济的迅速“走红”，不仅对旅游产业产生重要影响，而且对农村经济发展，对国家乡村振兴战略的实施与推进，都将起到重要作用。但在实际层面，农村民宿经济“2.0”时代的发展，还有相当长的一段路要走。

更新发展理念，是民宿经济“2.0”时代发展要走的第一步。实际上，农村民宿经济缘起于农家乐，而这种传统的发展模式显然已经不再能够满足当前日益个性化、多元化的旅游需求了，亟须在发展理念上突破民宿经济“1.0版本”模式，不断拓展农家乐的传统经营理念，这就既需要有饮食产品的更新，也需要有住宿条件的“补位”，同时还需要有个性价值的创新与创造，才能生产出更多的民宿“卖点”，实现农村民宿从“1.0”到“2.0”版本的飞跃，让农村民宿成为乡村旅游发展的全新载体，进而让乡村振兴战略有着更为可行的实施策略和实现平台。

保护与开发并重，是农村民宿进入“2.0”时代的必由之路。一座古村，一泊清水，甚至是一道美景，往往就能成为网红经济的“卖点”，成为农村旅游发展的资本。但实际上，这种网红资本并不丰厚，更经不起“折腾”，一泊清澈绿水很容易被污染，一道绝美草坪更容易被踩平，“一锤子买卖”的事情经常可见诸报端，砸完“一锤子”之后，谁都不知道怎么办了，而基于此的农村民宿，自然也就萧条了。所以，要发展农村民宿，需要坚持保护与开发并重，既要保护好绿水青山，也要保护好古色生态，不断做“厚”、做优农村旅游的资本，而不是一股脑儿翻出“家底”给卖完了事。所以，产品与价值创造相结合，资源保护与开发相平衡，短期效益与长期效应相兼顾，才是农村民宿“2.0”时代的必然路径。

创新内容载体，是农村民宿“2.0”时代的发展动力。与传统旅游业一样，“千村一面”的同质化问题依然是农村民宿经济发展的重要“瓶颈”，要解决这个问题，就必须把产品、内容创新作为农村民宿发展的关键着力点。以南昌为例，南昌民宿产业主要集中在湾里区、安义县，其中湾里区有800多张床位，安义县有500多张床位。显然，这种规模效应主要是因为湾里区和安义县有着较为丰富的生态绿色资源和古色文化资源，但更深层次的，其实是这些地方的农村民宿能够深挖安义古村、江右文化等特色底蕴，从而形成“镇远镖局”“唐樟”民宿、和棋精舍以及南溪小筑等一批有个性、有亮点的民宿，才避免了落入“千村一面”的发展“套路”。

显然，推进乡村振兴战略，发展民宿经济是大有可为的。但我们更需要注意的是，要实现民宿从“1.0”向“2.0”的飞跃，必需在发展理念与载体创新、内容创造等方面更有所为，才能真正让民宿产业“叫得响”“走得远”。

（二）中国民宿的风格

民宿的风格基本上分成为传统中式，新中式，西式，改良西式，其他风格五大类。

1. 传统中式风格

特点：古宅，色调深，木或砖木结构，雕花，房间面积不大，

（传统中式风格/无华艺宿图片）

从上面两张图中可以看出，整个民宿建筑与氛围有浓厚的中国风和中国传统文化元素，都是深色系、大红、大棕、大黑，都有很多雕花装饰。

2.新中式风格

特点：色调明亮，少雕花，但有更多的线条，家具简洁，空间感强。

（新中式风格/无华艺宿图片）

新中式风格也是这几年极其受大家欢迎的一种风格，新中式风格既保留了中华传统文化中的精髓，又加入了现代的色彩和简洁的线条，运用了大量留白的手法，让空间更有想象力。

3.西式风格

特点，色彩对比强烈，异国风情浓烈，更偏酒店式，以水泥、钢构、砖石为主要建筑材料，配饰也以金属，皮革等为主，以沿海城市居多。

（西式风格/无华艺宿图片）

西式风格在民宿发展前期比较受欢迎，随着国人出国越来越方便，看到的西式建筑也越来越多，欣赏水平的提高，近年来，西式风格受欢迎程度有降低趋势。

4.改良西式风格

特点：中西合璧，保留了中式的木结构，结合西式中的金属元素和一些科技产品，色彩明亮，更加注重软装的搭配和灯光的效果，有条件的还会配以艺术装置。

（改良西式风格/无华艺宿图片）

改良西式风格近年来比较流行的一种风格，叫性冷淡风或INS风，这也是随着消费群体结构的变化而带来的产品变化，现代人在工作和生活中充满着压力，出门旅游已经从观光过渡到休闲度假，需要更加让人放松的环境和场所，一个安静而不沉闷，简洁又不简单的风格能让人更加的放松。上图中是无华民宿在丽江古城的门店，该门店是用一栋古宅改造而成的，保留原有的木结构和粉墙黛瓦，在内部空间里大胆用了黑色，白色，蓝色，粉色，金色，在材料的选择上也摒弃了笨重的木制家具，而选用了更年轻化的工程塑料、铁艺、大理石、树脂，再加上现代的灯具和有棱角的几何线条，配以智能化的系统和设施，更是把儿童滑梯搬进客房，让人耳目一新，深受年轻消费者的喜欢。

5. 民宿与在地文化的结合

一个好的民宿作品是一定要与在地文化相结合的，在地文化的整理和提炼能让整个设计更加有自己的内涵。

（无华艺宿西安秦岭守拙园图）

以上图片是无华艺宿西安秦岭守拙园，设计师花了一年的时间调研了整个秦岭的人文、建筑、习俗等各方面的历史，提炼出了整石干砌，页岩屋顶，水洗石墙地面等传统又失传的建筑工艺，遍寻当地老手艺人，重塑历史，这个项目用了数百吨产自本地的石材，有意无意放置在门前的拴马石，大铜鼎，庭院中接水的铁缸，数十米长的原木大桌，既能体现出西安十三朝古都的文化厚重感，不经雕刻的原石又多了份回归初心的本意，又跟整个大秦岭原始天然好环境融为一体。

（无华艺宿杭州醒香山房设计图）

以上的图片来自无华艺宿杭州醒香山房设计图，此项目位于杭州西湖边的茶园里，因为项目周边有大量的桂花，茶树，有各种的香味，所以取名醒香，意在自然环境好，浪漫的场所。这个项目从取名就已经和在地文化在结合了，我们所谓的在地文化除了历史上的文化，还有就是有特点的环境，习俗，既然是以香为主题，香又是一种气味，无形的东西，那么是很难描述和体现的，所以设计师用了庄生梦蝶这个历史典故，把蝴蝶作为香的化身，贯穿到整个设计里，又因龙井和杭州及西湖几乎齐名，所以在大堂设计中用了很多茶园的背景，利用了大量的光影效果和现代灯艺的变化来实现梦的效果。

（三）中国民宿的发展展望

近年社会结构调整和传统酒店的生存困局加速了民宿的蓬勃发展。

1. 民宿模式符合社会结构调整方向

中国社会正在发生着深刻的变化。社会结构中受教育的人群比重正在加大，“70后”“80后”“90后”后的人群正在成为社会的主力军，这类人群受教育程度高，对于“健康”和“幸福”的概念，有着和上一辈人完全不同的理解。他们消费理性，追求内涵、品质和服务，更懂得生活，平日工作较大，民宿模式符合了他（她）们追求自我解放的需要，可以从日常压力环境中释放出来。

2. 民宿模式满足目标客源的怀旧体验

随着经济发展到一定程度，人们逐渐提高了对感性消费的需求，比如从对一家餐厅的价格、味道的要求，升级成对环境、氛围都有所挑剔，怀旧就是其中一种形式。“70后”“80后”赶上了社会的大变革、大发展时代，大变革造就了很多新旧的快速更迭、消失，因此对于承载着太多回忆、情感的怀旧系列商品，消费者更愿意买单。民宿的主题可能为怀旧提供了样板。在民宿，大家可以体验儿时的环境和感受；在民宿，可以体会失去的时光；在民宿，可以体验HIDEAWAY（逃离）；在民宿，寻找归属感。民宿“家”的情怀将成为它长久的竞争力。

3. 民宿模式适合渴望表达自我主张和想法的投资者

优质的民宿项目会吸引各行业的专业精英人士进行投资开发，他（她）们可以按照自我主张结合自己的专业知识进行民宿的设计，按照自有的习惯进行运作，不必被所谓的国家标准束缚。作为投资者而言，再也无须按照国家星级标准，规划部分投资额较大但是盈利空间有限或者不符合投资者喜好的功能空间。在这个多元化的时代，社会的巨大压力给了很多投资者寻找内心酒店梦、文化梦的机会，在这个时机，民宿符合了这种要求。

4. 民宿的低运营成本可能会是其发展的一大优势

民宿是利用个人自有住房所经营的住宿设施，特点之一就是小型，功能设施配套简单，用工相对较少，因此民宿最大特点就是其相对低廉的运营成本。综合以上这些因素，我们不难看出，民宿发展态势迅猛，同时，更为重要的是，它符合了国内精英群体和白领阶层内心最为真实的原始需求。但是我国大陆地区的民宿发展和日本、我国台湾等地有20～30年的差距，真正进入发展成熟期还需要较长时间。

5. 与其他旅游产品整合发展趋势

民宿具备个性化经营特色，在乡村或旅游景区的民宿，通常会依托当地的旅游资源或人文资源经营一些特色项目，与其他旅游产品协同、融合及互补。同时民宿将要整合餐饮、咖啡、酒吧等相关业态，这也是其民展趋势之一。

四、民宿产业发展趋势

随着市场成熟、资金涌入、竞争加剧，民宿产业发展逐渐向品质精致化、产品主题化、经营连锁化、管理规范化、业态多元化这五大趋势发展，形成具有高端品质的旅游住宿休闲产业。

（一）品质精致化

随着大量资金涌入，民宿将朝着精品化、豪华化、高端化等方向演进。

（二）产品主题化

随着竞争的加剧，未来民宿将逐渐摆脱早期单一的依托景区发展的模式，而围绕某个主题进行差异化的打造，形成本身具有旅游吸引力的主题民宿。

（三）经营连锁化

在民宿发展到一定阶段，经营者将着手打造自身的独特品牌，并组建扩大经营范围，实现连锁化经营。

（四）管理规范化

目前，国内的民宿发展尚缺乏统一的标准，未来将出台相应的法律法规和管理细则，推进民宿开发与管理规范化。

（五）业态多元化

民宿将会不断延伸产业链，在住宿和早餐基础上，拓展出向导服务，特产销售，休闲娱乐等增值服务。未来民宿将呈现给游客更多的体验感及更高的满意度，民宿将逐渐进入“民宿+”业态多元化发展。

【案例：利川民宿——“民宿+”的美好憧憬】

恩施土家族苗族自治州，是湖北省唯一的少数民族自治州，这里气候宜人、大山林立，居住着29个民族。曾被认为是“老少边穷地区”。利川气候清凉、物产丰富，特殊的地理位置、日渐便利的交通，使这里成为民宿度假旅游胜地。2015年下半年，利川市委、市政府启动“十村百企万户”乡村民宿旅游工程。经过一年合力推动，利川民宿旅游渐成规模。2016年5月，已建成的各普通民宿、优等民宿、精品民宿相继营业，在夏季避暑度假旅游接待中发挥了重要作用。并带动一批农户转移就业、脱贫致富，让人民群众真正分享到了旅游业发展带来的红利。同时，也推动了恩施州创建“国家全域旅游示范区”的步伐。

（1）民宿＋健康产业

白虎寨民宿旅游2016年5月1日正式营业，由利川市恩健集团公司开发修建。其特点是，将休闲旅游、休闲体育、休闲农业相结合，依托集团旗下的体育培训、健身等业务，打造民宿＋健康产业，且集土家图腾白虎文化、吊脚楼建筑文化、土苗歌舞文化、民族体育文化、美食文化及《弟子规》经典国学文化为一体。恩健集团负责人周武介绍，白虎寨民宿旅游带动了田湾村村民发展民宿，目前已有30多户村民的房屋按民宿要求修建或改造，可接待客人住宿。7月至今，白虎寨持续接待满员，不仅每天从农户家购买大量农产品，还将避暑客人介绍到村民家吃住。规划中的白虎寨二期民宿工程，将建体育运动中心、户外拓展、养老等项目。民宿＋健康产业形成一定规模，可辐射周边100多户村民，通过民宿旅游脱贫致富。

（2）民宿+土特产品

柏杨坝镇雷家坪村与南坪交界。今年5月19日，这里的春晖苑民宿旅游正式营业。老板牟辉勇之前在江浙务工，掌握了江浙一带粽子的制作技术，由此致富，回乡投入1100多万元建成春晖苑。通过网络平台推广，炎炎夏季，春晖苑40多个床位常被订购一空，成都、重庆、北京等地的客人前来避暑度假。“牟季香”粽子理所当然成了春晖苑的旅游产品，南坪大米、麻鸭、柏杨豆干等土特产品也成了旅游商品，给春晖苑民宿带来商机。由本地村民表演的原生态歌舞《龙船调》，每晚都是春晖苑避暑度假游客的欢乐会。

（3）民宿+观光农业

利川团堡野猫水村，坐落在一片平坦的高山平地。夏季，这里瓜果飘香，鲜花盛开，池塘里的睡莲温柔地浮在水面上，使野猫水平添几分妩媚。大美土家生态农业有限公司在野猫水村投资1000多万元，建起了以采摘观光为主的生态观光园，包括70亩葡萄园、52亩鲜花、70亩蔬菜，周围还有村民种植的成片的梨园。2016年，大美土家生态农业公司租下野猫水村11户民居，改造成民宿，达到了接待游客的标准。至此，这里民宿+观光农业的民宿旅游特色基本形成。政府支持、公司引领，带动了周边六七十户村民从事民宿旅游经营，当地村民就地发家致富。公司负责人潘晓晖女士不满足于此，打算立即着手做精品民宿，靠山修建10多栋精致小屋，用以接待游客住宿，提升野猫水民宿旅游的档次，“做民宿是要有情怀的！”潘晓晖说。

【拓展资料：住民宿，其实是住在主人的情怀里】

五一小长假已过，来自国内专注于精品酒店、民宿等非标住宿领域的综合服务平台——“栖客CHICTEL”的数据分析显示：小长假期间，上海游客选择入住长三角地区民宿的比例比去年同期翻了一倍。许多人喜欢民宿，其实是厌倦了大酒店布置的“千店一面”，钟情民宿特有的气息。开民宿的人，某种意义上讲，都是艺术家。游人选择住民宿，其实就是住在民宿主人们深深浅浅的情怀里。

（有文化沉淀的建筑）

◆ 上海“小众”旅游董事长、“栖客CHICTEL"平台创始人谢荣祥关注国内民宿的发展始于8年前。他告诉解放日报·上海观察记者，8年前他认识了长三角最早的民宿——芦茨土屋和它的主人黄伟舜以后，便对民宿产生了浓厚的兴趣。他预感今后的民宿不仅是住宿业的一支生力军，而且会成为旅行度假的目的地，将深受真正懂得旅行度假的游人喜爱。谢荣祥发现，民宿的主人很多都是当地人，大多外出工作过，闯过江湖，游历过世界。与世无争的心态让他们回归故乡开民宿，过着自己想要的生活。他们大多是理想主义与完美主义者，用尽心思把民宿做到极致，与大家分享。开民宿的人，某种意义上讲，都是艺术家。游人青睐住民宿，其实就是住在民宿主人们那深深浅浅的情怀里。

（“在双桥”民宿）

◆ **在双桥："在双桥"Ada：开民宿是想换种活法**

和别的民宿女主人总会淡妆示人有所不同，莫干山"在双桥"的"80后"小主Ada，常常是一根橡皮筋扎起长发，素面朝天，彬彬谦和，那灿烂的笑容是她最好的化妆品。

从阿里巴巴离职，跑到深山里开民宿。生活轨迹的反差之大，的确一度令她周遭的朋友咋舌。如何将前期的职场积累为自己换取一个丰富充盈的生活状态，既能享受生活同时还能以此营生？这其实都是她在职场打拼时一直思考的问题。

给爱折腾的自己一个交代，看看换一种方式过生活到底会怎样。2014年夏天，Ada果断辞去了阿里巴巴的工作，在莫干山蛰居长达四个月。在那段日子里，Ada走遍了莫干山百度地图上每一条看得到的支线，寻找可以安身立命的桃花源。

反复寻觅探求，直到一个深秋的黄昏，她沿着溪水逆流而上，当一片金黄的田野连接碧绿的山谷在她眼前叠展出一幅令人心旷神怡的山水田园图，两株五百年的银杏在秋日里熠熠闪烁，树旁的那一个小村庄，一瞬间"点中"了她——"就在这里，开个民宿吧！"

从设计到施工到运营，Ada坚持亲力亲为，她尽了最大努力将"在双桥"民宿融入自然，成为乡野风光的一个天然链接。然而，施工中她遇到的艰辛与烦扰，比想象中多出百倍千倍。虽然困难重重，可她坚持将"在双桥"打造成一间手工作品民宿，从骨架结构到内饰软装，大如廊、吧、床、柜，小如厕纸架、纸巾盒，多出自工匠之手。有人说，民宿的每一道缝隙里，都散发着主人的气质。也许正是Ada身上那种追求手工极致的执着劲儿，如今出现在人们面前的"在双桥"成了一家细节里处处见景的人文美舍。

在阿里工作与经营民宿，交到的朋友完全不同。她十分感谢这个平台，令她从来度假的客人身上，看到了世界的斑斓与精彩。她欢快地忙碌着，不知疲倦。白天倾力服务客人，夜晚泡杯清茶，看书看纪录片丰富和提升对民宿发展的深层次探究。问她人生角色转换最大的心得是什么，她脱口而出："过去我是航空母舰里的螺丝钉，而现在，我整个是一台发动机。"

（Camellia山茶花民宿定制礼服裙床）

◆ **Camellia山茶花/美女设计师Melissa：在民宿设计中做回自己**

Melissa是一名珠宝设计师，她的男朋友Lucio是名室内设计师，两人都毕业于欧洲的设计学院。作为设计师，平时做设计一定都得迎合客人的喜好，不可能自己自由发挥，但是民宿就不同了。Melissa说，他们可以完完全全按自己的想法去营造这间房子，然后把“作品”通过各种平台展示出来。

在Melissa的眼里，每套房子都是有自己的气质的。她用淮海路上的老洋房打造的“Camellia山茶花”，就取自香奈儿女士最爱的花名。这里最值得一提的是房间内那张独一无二的定制礼服裙床，Melissa兴奋地说，这里已经诞生了好多对夫妇了，“很多客人都是奔着这张床专门来求婚的，因为他们觉得它很像新娘结婚时穿的婚纱。”

另一套房子“夜葱茏”因为没有多余的地方来放置沙发，Melissa灵机一动，索性就把普通的电视换成超大幕布和智能投影仪，然后用软软的植物图案靠枕挂满了床头的一整面墙，这样就能“躺”在墙上看电影。还有一套法租界公寓“阳光里”，就像它的名字一样，客人能在令人向往的花园阳台晒太阳。

（公寓“阳光里”）

◆ 宣舍

在民宿的设计中完完全全地做回自己，这是Melissa每套房子都让人惊喜的原因。“老房子就像是一张白纸，你可以给一万种可能！在打开门的那一霎前，你永远都不知道你将要走进一个什么样的房间。”Melissa说这是民宿最有趣最吸引她的地方。

沈群：给客人以居家的自在感。

熟悉老板娘沈群的朋友，都说宣舍选址在杭州的灵隐寺地区，真正是暗合了老板娘沈群身上那种清逸的范儿。沈群素日为人低调，穿着也崇尚简单朴素。但提及她一手打理经营的民宿，谈兴颇浓。沈群的先生从事设计，两人结婚后便决定开一间属于他们自己的民宿。当初对民宿的选址也是看了很多地方，最后的定址，想想都是缘分。

宣舍房间色调清雅，一如老板娘给人的感觉。房间有一点复古怀旧的感觉，还给人一种以前海派的味道。房间陈设也都很简单，完全按照客人的角度来考虑，令客人如同置身家中般舒适自在。每间房间还有一个小阳台，夏天开满了紫藤花，幽静宁谧。

沈群就想开一家给人感觉舒服的民宿，她有空就会去民宿里摆弄家具摆设，调整沙发的朝向，乐此不疲。经营民宿对她而言变成了一件好玩的事，她也乐在其中，没事就闲在这里看看书、喝喝茶，宣舍其实变成了她除了家庭之外自己的独立空间，更能放松或忙里偷闲。打理民宿于她，一如打理自己的生活。

（“宣舍”民宿）

◆ **石琥驿站的朱佳嘉：寻找运动的志同道合者**

石琥驿站位于杭州石虎山脚下一个创业园区里，民宿位于半山腰，走进门，就能感受到主人朱佳嘉的运动气息。朱先生是铁人三项赛的积极参与者，为了给自己和朋友们提供一个私人的训练场地，朱先生便顺手玩出了这个“运动风”十足的民宿。

民宿中处处都可以看出主人是个运动达人：门口停着一排供客人使用的自行车，进门右手边是个骑行器械房，左手边挂着主人和朋友在世界各地参加铁人三项赛的比赛纪念品。店里的运动器械可不是假把式，都是为了比赛训练而配备的，连工作人员看上去也都是运动健将，一进门，住客身体里的运动细胞就都被调动了出来。不仅是运动器械，石琥驿站整体风格也十分硬朗，以水泥、原木、砖墙和钢铁元素为主，正是现在流行的Loft工业风。

民宿中体现的硬朗风和运动氛围是朱先生刻意为之，他说，这样能够吸引到志同道合的朋友。在挥洒汗水的同时，交流各自的运动经历，其中体现的运动精髓正是他开民宿的意义所在。

（本文来自《旅游情报》栏目，主编：任春）

学习思考题

1. 简述中外民宿的发展历程。
2. 简述中外民宿的演变及特色。
3. 结合中外民宿发展概况，思考民宿在乡村振兴中的重要意义。

项目三　国外民宿案例

【教学目标】 通过项目三学习，学生能认知国外民宿典型案例，具备分析国外民宿发展个案的能力。

【教学内容】 国外经典民宿案例赏析；国外特色民宿案例赏析。

【教学方式】 建议教师结合教材，运用案例分析法、小组讨论法进行教学。

【教学课时】 建议教学4课时。

在世界各地，不同的文化造就了多样的民宿风貌。西方学者普遍认为民宿是在早期朝圣活动的影响下逐步发展起来的。英国的民宿由于主要提供住宿和早餐服务，常常被称为Bed and Breakfast，此外，也会用一些家庭性含义的词汇来表达，包括Family Hotel、House Stay等。此外，由于各国民宿表现形式的差异和特点的不同，表达上存在一定的差异，北欧称Hostel、美国称Home stay或Inn、法国称Chambre D'hotes或Meuble De Tourisme、德国称Pensionen Gasthauser Fredenziimuer等。亚洲的民宿源于20世纪50年代左右的日本，最早的雏形是农村旅舍，称为"Minshuku"。国外民宿业经过较长时期的发展已相当成熟，其显著特点是：(1) 业已形成行业协会组织；(2) 经营中高度关注人性化和个性化；(3) 服务内容呈现多样化；(4) 民俗化、本地化、家庭化。与其成熟发展的状况相匹配的是，民宿研究也相对系统。研究对象包括民宿业主、民宿行业管理以及游客。

一、国外经典民宿案例

1. 英国Nettlecombe Farm农庄民宿

Nettlecombe Farm位于英国怀特岛（The Isle of Wight）惠特韦尔村（Whit well）的中心地带，靠近怀特岛的南海岸。Nettlecombe Farm发展得益于优美的自然环境、怀特岛成熟的旅游业。

（图片来自无华艺宿）

◆ **位置**：在距离码头1个小时车程的乡野，从此驾车去海边也只需要10分钟。

◆ **规模**：9栋乡间别墅，最多可容纳54人。

◆ **建筑景观特征**：住房是由挤奶室、马厩和其他农场建筑改建而成的。谷仓改造的儿童派对场所。农场四周都是绿色的田野和湖泊，是民宿的天然景观。

（图片来自无华艺宿）

◆ **配套设施与服务**：草上娱乐地、幼儿玩耍设备、巨大的温迪屋（儿童游乐室）、足球场地等。

◆ **餐饮**：提供最好的定制餐饮服务，可以配送到农场的各个地点，游客可以完全放松地在农场体验，不必一定要到餐厅用餐。

◆ **特色活动**：孩子体验动物喂食、瑜伽课、休闲垂钓等。

（图片来自无华艺宿）

◆ **经营定位**：Nettlecombe Farm是自助型的度假农庄，适合家庭、亲子和团队休闲旅游。环境优美，不仅有绿色的山坡田野，还有湖泊环绕。安全舒适，适合所有年龄和能力的游客。度假基地，游客可以在农场悠然玩耍，若要去周边和海岸线游玩也非常便利。

（图片来自无华艺宿）

英国农庄民宿将体验农家生活和农场观光经营作为民宿的主要方式呈现。热心的主人通常会带游客去享受采收农产品、喂食牛羊的乐趣，探索乡村的奥秘。游客可以暂时忘记繁华的英国都市，亲身感受英国的乡村生活。

2. 英国爱丁堡的民宿

爱丁堡被称为“欧洲北部的雅典”，每年接待近10倍于城市总人口的游客。面对如此巨大数量的游客需求，爱丁堡依靠的是家庭旅馆为主的多样化住宿产业。政府引导开发家庭旅馆，一方面避免兴建旅游基础设施的季节性效率浪费，另一方面可以将旅游带来的收入藏富于民。

（爱丁堡）

在爱丁堡，大量的家庭旅馆分散在城市社区中，有常年开设的家庭旅馆，也有临时出租的房屋。爱丁堡的民宿主要由协会批准，由政府备案登记，由个体利用自有住宅申请经营，获得许可后即可挂牌营业。城市社区为主要的存在形式，有常年开始的，也有临时出租的。学生公寓在旅游旺季或学生放假时段对游客出租。政府在公共场所提供露营地及大帐篷，收取费用仅为了场所运转和维护。

（1）爱丁堡民宿的特征

政府负责监管，协会负责管理，个体负责经营。政府大力发展观光业，负责民宿经营监管，对民宿进行税收、资金上的补贴。协会由民宿业主联合组成，需要得到政府的批准认可，负责整体区域营销推广，负责民宿的等级评定管理。个体向协会申请，利用自家住宅改造经营，结合当地的产业、文化、生态资源经营。爱丁堡的民宿在政府的引导下发展经营，经营个体多为城市居民，只要拥有空余房间，符合相关规定即可申请营业，主要以副业形式经营，盈利不是首要目的。

◆ **主要类型：**B & B类型民宿。（床+早餐，一个家庭空出几个空间作为客房经营，一般按床位收费。）R&B类型民宿。（房间+早餐，按房间收费，提供早餐。）

◆ **民宿风格：**无明显的风格特色，多保留原有的建筑风格。

◆ **选址要求：**无特色要求，属于自有房子即可申请经营。

◆ **建筑要求：**无特别要求，但客容量不得超过6人。

◆ **服务内容：**住宿/早餐+旅游咨询。

（2）爱丁堡民宿的营销模式

政府通过各类节事活动、推广活动吸引游客，向游客提供多方面的住宿信息；民宿协会负责开发民宿预定平台，整体进行营销推广；民宿业主主要通过网页、论坛以及游客口碑等形式推广。爱丁堡每年8月举行为期1个月的爱丁堡国际艺术节，吸引游客量超过100万人。

（爱丁堡/爱丁堡民宿）

（3）爱丁堡民宿经营的启示

1）注重本土的文化融入，很多游客前往爱丁堡是由于爱丁堡深厚的文化元素；

2）大力发展旅游业，爱丁堡旅游业发达，为民宿带来了数百万的游客；

3）政府规范性的指引，政府为民宿经营者提供各类技术支持，对民宿进行规范管理。

3. 法国Chateau La Touanne古堡民宿

◆ **位置**：卢瓦尔河谷

◆ **建筑景观特征**：16世纪家族城堡原貌，拥有17世纪的地板、18世纪的台球案、大会客厅、展室、加热泳池一应俱全。楼梯侧壁上装饰有古董家谱刺绣，房间及餐厅装饰有祖上油画。拥有大片领地花园，有密林、河流、展翅飞翔的野禽，领地深处还有船坞、瞭望塔等。

◆ **配套设施与服务**：私人停车场、现代化的取暖设备和卫生间等。

◆ **餐饮**：提供早餐及收费晚餐，都是地道的法国家常菜。

◆ **运营服务**：古堡为私人资产，堡主兼担园丁、大厨、维修工等角色。

（法国Chateau La Touanne古堡民宿）

在围拥着十六七世纪繁美家具和油画的餐厅，品尝地道法式美食；在土生土长的堡主及夫人陪同下，参观古老城堡及花园，感受超值城堡生活体验，是古堡民宿最吸引游客之所在。

4. 美国芝加哥的民宿

美国的民宿是从欧洲国家引进的，主要以青年旅舍、汽车旅馆等形式存在。其运作目的在于为青少年等旅游者提供一个文化交流、在外居住的场所，具有明显的公益性。

美国没有相关条例对民宿（家庭旅馆）进行说明，但根据相关法规，在住宅区开设民宿（家庭旅馆）属于非法，另一方面，美国人喜爱规范化、标准化的服务，因而民宿多以青年旅舍、居家式旅馆的形式存在。

（芝加哥）

（1）芝加哥民宿的特征。

芝加哥的青年旅舍由青年旅舍协会整体统筹规划，统一安排管理，具有明显的公益性，不以营利为目的，促进不同文化之间的游客交流，其经营收入主要用于自身管理运转。资产来源个人、企业基金会的捐赠，政府免税、出资等政策。经营主体一般由成人管家或已婚夫妇负责，多是志愿者。区位选择主要位于景点和大众交通附近。青年旅舍属非营利场所，以薄利多销作为其一贯的经营手法，注重其公益性和社会责任。

◆ **民宿风格：**无明显的民宿风格。

◆ **选址要求：**主要位于景点和大众交通工具附近，保证旅舍的通达性。

◆ **建筑要求：**多购买废旧房屋或租赁低廉的公寓等，一般要求配备公共的起居室。

◆ **服务内容：**住宿+公共起居室（早餐、卫生等一般需要游客自己打理。）

（2）芝加哥民宿的营销模式：青年旅舍的营销推广依托政府、媒体等公益性的宣传，协会则主要通过开发网站等形式进行营销，不存在经营者自身营销推广的情况。

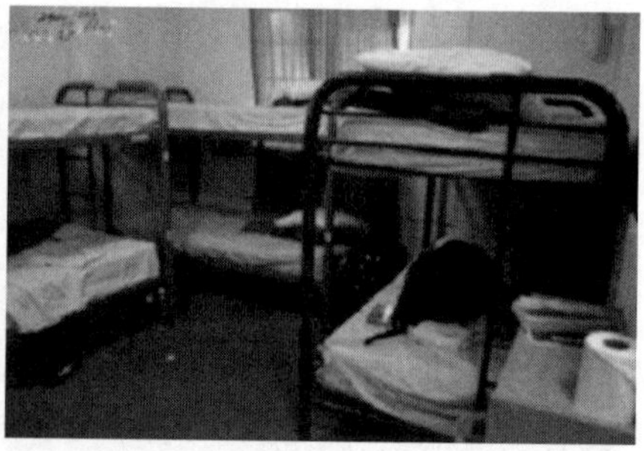

（芝加哥民宿）

（3）芝加哥民宿的启示。

1）坚持公益性，政府财政拨款、税收减免，宣传倡导，积极引导，鼓励全社会共同参与青年旅舍事业。

2）建立全国统一协会，实行统一监督管理、指导培训，在全国范围内进行广告宣传、网络宣传。

3）标准化、专业化管理，按国际青年旅舍联盟的21条要求，尽量减少不必要的开支，确保必备的条件投入。

5. 日本合掌村民宿

日本最美乡村之“合掌村”坐落在岐阜县白川乡的山麓里。村里的“合掌造”有113栋，其中109栋被指名保护。“合掌造”房屋建造于约300年前的江户至昭和时期，为了抵御大自然的严冬和暴雪，屋顶建构成60度的急斜面，形状有如双手合掌，因此得名。世界遗产评定委员会这样评价：这里是“合掌造”房屋背后的严酷自然环境与传统生活文化，以及至今仍然支撑着村民们的互助组织“结”的完美结合。合掌村在文化遗产保护和传承上具有世界领先水平，沿袭并创造出一系列独特的乡土文化保护措施，如今这里被称为“日本传统风味十足的美丽乡村”。旅行者们慕名而来，合掌村渐渐发展起观光旅游业，民宿、餐厅与艺品店等旅游产业。

（日本合掌村）

◆ **位置**：日本岐阜县白川乡荻町合掌村

◆ **建筑景观特征**：建筑保留日本传统乡村建筑——“合掌造”，以茅草覆盖的屋顶，呈人字形的屋顶如同双手合十样。室内为和式风格装饰，保留可观赏的具有历史意义的民具，专门收藏了农村过去的各种乡土玩具、布娃娃、木雕等手工艺品。室外环境布局上，用不同植物花卉或农作物装饰房前屋后的环境。

（日本合掌村）

◆ **配套设施与服务**：配备现代化家庭设施，有电视、冰箱、洗衣机、漱洗间设备、厨房煤气灶等。

◆ **餐饮**：所有客房集中在一起，品尝由主人亲自下厨的地道农家饭。

◆ **特色活动**：浊酒节、“合掌造”家园观光、传统工艺体验、传统手工插秧等。

（日本合掌村特色活动）

合掌村由民居保护、民俗观光、民宿生态体验构成了完整的观光产业链。合掌村民宿以“合掌造”建筑见长，是日本传统民宿的典范。其体验项目以特定农作业或地方生活技术及资源为设计主题，如农业体验，林业体验、牧业体验、渔业体验、加工体验（做豆腐、捏寿司）、工艺体验（押花、捏陶）、民俗体验（地方祭典、民俗传说、风筝制作）等。旅客在住宿中能感受到农村生活环境的朴实与温馨，还可以听主人讲述当地的风土人情，体会久违的宁静和安逸。

（本文来源：www.ihmee.com）

◆ **日本合掌村发展乡村旅游、乡村民宿的经验**

（1）保护原生态建筑：白川乡合掌村自然村落中的茅草屋建筑，全部由当地山木建造且不用一颗铁钉，能保留至今确实很不容易。1965年曾发大火烧毁了一半以上的茅草屋建筑，村里有三四人主动带领大家重建家园，开始了一场保护家园建筑茅草屋的运动。由此，继承和发扬了合掌村的一个历史传统：每家都有囤积茅草的习惯，凡是一家房屋需要更换新茅草屋顶，家家户户携带自家囤积的茅草来相助并参与更换屋顶的工事，一家更换新屋顶只需要一天就可以全部完工。大家把合掌建筑称之为“结”的力量。

（2）制定景观保护与开发规则：为妥善保护自然环境与开发景观资源，合掌村村民自发成立了“白川乡合掌村集落自然保护协会”，指定了白川乡的《住民宪法》，规定了合掌村建筑、土地、耕田、山林、树木“不许贩卖、不许出租、不许毁坏”的三大原则。协会制定了《景观保护基准》，针对旅游景观开发中的改造建筑、新增建筑、新增广告牌、铺路、新增设施等都做了具体规定。如：用泥土、沙砾、自然石铺装，禁用硬质砖类铺装地面。管道、大箱体、空调设备等必须隐蔽或放置街道的后背。户外广告物以不破坏整体景观为原则。水田、农田、旧道路、水路是山村的自然形态必须原状保护，不能随便改动。

（3）建立合掌民家园博物馆：当一些村民移居城市后，在协会的策划下，针对空屋进行了“合掌民家园”的景观规划设计，院落的布局，室内的展示等都力图遵循历史原状，使之成为展现当地古老农业生产和生活用具的民俗博物馆。自然与合掌建筑结合而成的“合掌民家园”博物馆是数栋合掌建筑和周边自然环境相结合的美丽小村庄。合掌建筑与日本园林相结合，十分和谐，构成了具有较高审美价值的乡村景观。整体村庄是精心打造的大花园，瀑布、水车、小溪、汀步、竹林、景石、花坛、座椅等穿插其中。博物馆内展示了合掌村茅草屋建筑的结构、材料以及建构方法的模型。“合掌民家园”内的自然美丽景观得到世界各国游客的高度评价。

（合掌民家园）

（4）旅游景观与农业发展相结合：白川乡的居民都有这样的共识：旅游开发不能影响农业发展。如何发展当地农业并与旅游观光事业紧密结合，是村民们面对的一大课题。为提高整体经济效益，白川乡积极主动地制订了有关农业发展方向和政策的5年计划。白川乡农用地面积有1950亩，其中水田1650亩，农家有229户。主要农副业生产项目，包括水稻、荞麦、蔬菜、水果、花卉、养蚕、养牛、养猪、养鸡、加工业等，这些生产项目在旅游区中也是观赏点。旅游观光与农业生产相联系，可提高经济收入促进农业发展。白川乡把当地农副产品以及加工的健康食品与旅游直接挂钩，使游客在观赏同时品尝当地新鲜农产品。这种因地制宜，就地消化农产品的销售方法，减少了运输及人力成本，经济实惠，受益的不仅是各地客人，还有当地全体农民。

（5）开发传统文化资源：为增加旅游项目，白川乡合掌村从传统文化中寻找具有本地乡土特色的内容，他们充分挖掘“以祈求神来保护村庄、道路安全为题材”的传统节日——浊酒节。在巨大的酒盅前展开隆重仪式，从祝词到乐器演奏、假面歌舞、化装游行等以及服装道具都经过了系统设计。节日时合掌建筑门前张灯结彩，村民都来参与庆贺节日，节日的趣味性也成为吸引游客观赏的重要内容。除大型节日庆典外，村民们还组织富有当地传统特色的民歌歌谣表演。把传统手工插秧，边唱秧歌边劳作的方式作为一种观光项目，游客都可主动参与，体验劳动的快乐。

（传统文化）

（6）配套建设商业街：商业街的规划建设包括饮食店、小卖部、旅游纪念品店、土特产店等，都是具有乡土特色的商店。每家店都有自身的主要卖点，合理分布方便游客。“白川乡合掌村落自然环境保护协会”的建筑规则在商业街中体现出了整体美的风格，店面装饰充分利用了当地的自然资源，体现出一种温馨的朴实美，其工艺性、手工趣味性吸引了大量游客的眼光。旅游商店的设计布局、门面装饰都是提升景观功能的关键要素，旅游商品的开发，也是旅游观光业的一个重要项目之一。白川村善于结合现代人追求时尚的心理，以植物花草为装饰元素，装饰家园、把村庄装扮得花团锦簇，前来观赏的人们总是在美丽的田野间、村庄旁、商店前拍照留影，令游客流连忘返。合掌村落的生态之美给来自世界各地的游客留下了难以忘怀的美好印象。

（7）民宿与旅游的结合：由于旅客越来越多，留宿过夜、享受农家生活的客人也随之增多。1973年前后，白川乡开始了民宿的营业项目。为迎合游客的居住习惯，对合掌屋室内做了改装，建筑外形不变，内装基本都是现代化家庭设施，配有电视、冰箱、洗衣机等家用电器，还有漱洗间设备、厨房煤气灶等。

（合掌村民宿）

（8）与企业联合建立自然环境保护基地：白川乡与日本著名企业丰田汽车制造公司联合在白川乡的僻静山间里建造了一所体验大自然的学校，2005年4月正式开学，成为以自然环境教育为主题的教育研究基地。来观赏合掌村世界遗产的人们同时可以来到这所学校里住宿、听课、实习、体验。一年四季都有较丰富的观赏和体验内容。在这里体验到城市中没有的快乐，习得保护地球自然环境的知识。日本丰田汽车制造公司在白川乡建造的大自然学校，为白川乡旅游事业增添了一项知识性的教育内容，让人们用生态环保的眼光检点现代人的生活，用节能减排、资源再利用等各种环保措施来维护人类的自然环境，使我们的环境更加美丽自然。

（资料来源：公众号：江农规划设计）

二、国外特色民宿案例

1. Valentinerhof 精品民宿

在山色空蒙的意大利，阿尔卑斯山南麓约海拔 1200 米的 Kastelruth 村庄里，这座名为 Valentinerhof 的精品民宿仿佛一处绝世秘境从天而来，美得空灵，摄人心魂。这里拥有被誉为“世界上最美如画的泳池”，能将自然最大限度地尽情拥抱。而这一切或许都要归功于 noa* 建筑事务所于 2011 年对酒店进行的翻修与改造工程。

（Valentinerhof精品民宿）

◆ 对话自然与本土传统

在原有基础上，noa* 为 Valentinerhof 所做的最大改变便是新加入了 14 间宽敞套房，让酒店面积扩增至 1100 平方米，全新的健身区域以及带有酒吧和餐厅的新大堂亦同时亮相。为了将自然与传统元素和谐融汇，设计团队充分利用所处地势，于 Bolzano 盆地中的山丘上筑起 “阶梯式” 架构。

新酒店被分为两个朝向南部山谷的小体块，面向 Schlern 山附近的封闭岩石山丘开放，仿佛一个巨大的舞台，展现着宽广盆地与壮观山脉的强烈的对照。在山脉景观柔软的剪影间，地面成了主要的聚居点。分散的木质结构组成了建筑的外立面，并中和了由坚硬混凝土建筑所带来的冰冷感。

阳光下，天然石头覆层和木质框架的投影落到酒店的落地窗上，也倒映在泳池里、湖里和海景里。这样的设计灵感来源于当地传统建筑 Heuhaufen 的特色，即双层农场 Paarhof 和带有古老木栅栏 Futterhaus。不规则的木框架，将周围景观以不同长度木条连接封闭起来，尽收囊中。

（Valentinerhof精品民宿设计）

◆ **会讲故事的设计元素**

家具、照明、室内设计、建筑和景观，noa*仅采用传统的木材、玻璃、亚麻布以及石头覆层打造，每个元素都精心地从整体设计的哲学出发来构思，它投入了大量的热情，注重每个细节和传统地方工艺。几乎所有套房都以正方平面形式呈现，巨大的落地窗让自然光能够最大限度地进入室内，照亮了房间包括浴室在内的所有空间。大床朝向山谷景观，恰好摆放在室内与室外空间的交界处。而在每间客房的休息处，还附有一个由传统亚麻布织成的日式床垫，床垫由手工编织而成，历史最悠久的更可达 90 年之久。

（Valentinerhof精品民宿设计）

穿过纯白色调的走廊，40 个半注水的玻璃装置从楼梯顶部悬挂下来。灯光透过水和玻璃分裂成色谱，像是彩虹的碎片投射在墙壁、地板与天花板上，也构成新老建筑间以及房间和健身区间的连接载体。

◆ 潜入水的世界中

酒店的健身区由一个约 70 平方米的主泳池和桑拿区构成。泳池以外立面的木质材料框定，跨过了整个建筑的西翼。池水流过 15 米长的泳池边，倾泻而出，落在宽阔的平台上。

芬兰桑拿、草药桑拿、蒸气浴等放松身心的房间均位于酒店的东侧。整个空间沿着山体坡势呈现水流状的阶梯结构，透过墙面立方岩石体块间隙洒进来的阳光与潺潺流水形成的瀑布之声令人为之沉醉。

芬兰桑拿室拥有 270 度广角的全景窗；草药桑拿室则位于健身区 1.5 米以下的空间，与室外的天然湖处在同一水平面上。当你走进这间位置较低的草药桑拿室，或许还会有因户外风景与其倒映在宁静湖面的影像，而形成的镜面对称之感。至于唯一未对外设置开口的房间——蒸汽浴室，水元素则是以半透明的形式呈现出来的。

（Valentinerhof精品民宿设计）

2. 旧农舍改造的民宿

这栋民宿位于西班牙的一个农场内，由一个农舍和谷仓改造而来，原来的房子为典型的西班牙乡村毛石屋，设计师“修旧如旧”地保留了房屋原有的特色。小屋坐北朝南，四周是田野和草地，这里的居民也主要是从事农业活动，一切生活都像从前一样慢慢地。设计师将这种原汁原味都保留了下来，并在此基础上对小屋进行了空间的划分，共划分出四个套房和两个单间。每个套房都分为上下两层，完美地区分了起居室和用餐区的空间，让这个古老的小农场焕发出新的生机。

（旧农舍改造的民宿）

设计师保留了原始的石墙和木架构，并将室内空间最大化，使得小屋变得敞亮、时尚、大气。房顶和墙面也多以木材为装饰，借以迎合农场的质朴氛围，让顾客入住后即能融入当地居民的生活环境中 。

（旧农舍改造的民宿：内部景观）

3. 窑洞里的民宿

在瑞士的小镇VALS（瓦尔斯），有一个埋在山坡上的度假屋，它不同于传统在山上的房子，在设计上有着极富创意的构想，把房子埋在山坡之下，建在黄土当中，犹如中国的窑洞。设计师希望房子能融入室外美丽的景色，并让壮丽的景观映入室内。独特的结构设计巧妙地在陡峭的山坡上创建了一个中央景观庭院，将对面的高山森林尽收眼底。利用高山斜坡的开口让美妙景色和光线进入房间，大大的落地窗使得即使在室内也可以看到外面的景色。

（瑞士小镇VALS（瓦尔斯）窑洞里的民宿）

▼室内墙面用裸露的清水混凝土装饰，现代感十足。

（民宿室内墙面）

▼入口是在一个废旧的谷仓，通过一条地下隧道与房子相连。地下通道的混凝土楼梯。

（民宿入口与混凝土楼梯）

▼多种形式布局的客房，唯一不变的是裸露的混凝土

（裸露混凝土的各式客房）

（Kastelruth村庄里的精品民宿 图文 | 网络 编辑 | 易向）

4. 京都茶之宿七十七

（京都茶之宿七十七民宿）

这是三个年轻人怀抱理想开设的，希望大家能体验传统文化的住宿。京都茶之宿七十七就在京都二条城东方的住宅区小巷中，交通便利，离地铁东西线二条城站徒步只要3分钟的距离。附近就完全是住宅区，没有什么太多商家。这家町家改建的旅馆很特别，2016年的2月才开始营业，由拥有77年历史的町家改建而成，全室只有五间房（本馆四间别馆一间），皆以茶为设计主题，每间房陈设虽不同，皆有露天阳台，舒适的空间跟精致的服务的确能让人褪去一天的疲劳。整体非常有品位的旅馆，各处细节都让人惊喜。在京都市中心迷漫着古都气息，宽松的放松空间，可以享受民宿独有的奢华。每间都有不同种类的露天浴室，寝具采用席梦思床垫和日本全国第一品牌的棉被。

（民宿内部环境）

每间町屋客房都有特别的主题，将京都传统美浓缩其中，酒店秉承“一期一会”的心情，为客人提供私密专享服务。酒店房间设施自动化、人性化，工作人员英语水平高。旅馆的关键字是“茶”，一入房就送上抹茶配上知名老铺鹤屋吉信的和菓子，24小时皆可为你送上各式各样的茶，还有茶道体验，茶香炉，茶风吕等等。你可以慢慢品尝出自己最喜欢的一种。更有趣的是，四间房各自名为抹茶、玉露、玄米茶和焙じ茶，设计也各异。先看一下旅馆的平面图，抹茶旁边是焙じ茶，然后玉露是从一楼走上去在二楼，玄米茶则是从茶室旁边走上去在二楼，另外还有隔壁独栋也是有一二楼的别邸。

◆ **抹茶**：位于1层，45平方米，可住1～4人，和洋室有两张宽120厘米的单人床，日式小庭院最大。有面对庭院的信乐烧露天風呂和檐廊。抹茶是和洋式综合的房间，有洋式弹簧床。寝具采用席梦思的床垫还有伏見老铺寝具店的布团。也有和式的客厅，外面更有一个小的和式庭院。

◆ **焙じ茶**：唯一的复式公寓式套房，65 平方米，可住1～4 人，2层和洋室有两张宽120 厘米的单人床，包含楼中楼的房间。有比抹茶稍小的庭院。还有可以眺望庭院的花柏木露天風呂。一进门是个客厅，外面有非 常小的庭院。再往前是浴室。浴室外面就是露天風呂。可以看着小庭院的露天風呂，每间都准备了茶風呂。

◆ **玉露**：90平方米，最大的房间可住1～6人，和洋室有两张宽120厘米的单人床，房间装饰是传统和风，只有附小电视。桧木半露天风吕。最大的房间，可住1～6人。客厅保留了之前町家的日式风格，这间除了最大也是最能感受传统和风的一间。你可以看到右边柜子上有一个平板电脑。这间是没有电视的，因为他们觉得这间传统和式房配大电视协调性不太符合，因此只配一个小平板可以看电视。

◆ **玄米茶**：60平方米，可住1～4人，和洋室有两张宽120厘米的单人床，有信乐烧露天風呂。

◆ **别邸**：59平方米，可住1～4人，和洋室有两张宽120厘米的单人床。信乐烧露天风吕。入口就在本馆右方。有可以把一整栋传统町家包下来的感觉。两边都是古意盎然的町家。但因为占地较小，其实也只有59平方米，可住1～4人。

目前，这一家没有提供晚餐，仅有提供早餐的民宿。早餐是各种京野菜为主题。早餐不只好看也好吃，不是一堆迹物，也没有任何油腻，新鲜又健康。炉端烧可选烤魚或和牛肉当主菜。用餐的地方，桌面上有碳烤。使用围炉裹的炭火来料理，使用四季的严选食材。另一边有三个位子，餐厅其实同时仅能容纳两组人吃早餐，所以房客前晚就要约定好吃饭的时间。因为只有五间房，同一时段有两组客人用餐，会有专人服务把所有食材烤完。

【拓展资料：国际青年旅舍的由来和特点】

一百年前，德国一名叫理查德·希尔曼（Richard Schirrmann）的教师带领一班学生徒步旅行，途遇大雨，只能在一个乡间学校里以草铺地当床，度过了艰难的一夜。彻夜未眠的教师，萌发了建立专门为青年提供住宿旅舍的想法。理查德·希尔曼认为，教育不应只在学校里，而应该走出校门，通过郊游旅行，培养独立自主的能力；亲近自然，体验各地的文化传统。他带着这一想法四处游说，最终为人们所接受。

1912年，世界上第一所青年旅舍——Youth Hostel（YH）在德国一个名叫Athena的废弃古堡中诞生，从此奠定了青年旅舍的基本模型，即以“安全、经济、卫生、隐私、环保”为特点，室内设施简朴、备有高低床、硬床垫和被褥、带锁的个人储藏柜、小桌椅、公共浴室和洗手间，有的还有自助餐厅、公共活动室等。青年旅舍从一开始就受到了青年人的广泛欢迎，并在欧洲形成了以回归自然为主题的“青年旅舍运动”。1932年，国际青年旅舍联盟（International Youth Hostel Federation， IYHF）在荷兰的阿姆斯特丹成立。今天，青年旅舍已成为当今世界上最大的青年旅行住宿联盟组织。IYHF在全球各国拥有4500多家青年旅舍，共有350000个床位。其国际总部目前设在英国，是一个被联合国教育科学及文化组织承认的国际非牟利组织。目前，包括中国在内，已有六十多个国家的协会加入了这个大联盟。

青年旅舍被誉为“背包者的乐园”、青年成长的“家外之家”，是当今世界上最大的住宿连锁组织。他集公益事业、旅游企业和实践教育功能为一体，通过向住客提供安全、便利、卫生、廉价的服务来推动自助旅游的发展。与其他类型的酒店相比，青年旅舍有许多不同之处。

（一）以青少年为主要服务对象

青年旅舍实行会员制，主要面向大、中学生，年龄限制在15~60岁。青年旅舍具有符合青少年需求的特点，拥有一张会员卡（HI卡）就可享受全球预订服务，并可持卡在联盟国家享受吃、住、行、游、购、娱等3000多项优惠（在国内由于缺乏政府支持，暂且不行）。一般情况下，青年旅舍规模不大，档次不高，室内设施简单，但是整洁环保。青年旅舍以DIY（Do It Yourself自己动手）式服务为主，备有自助洗衣房，住客需要自己铺床叠被，很少有服务员打扰，住客可以像在家里一样无拘无束。公用区相对较多，为青少年进行交流和建立友谊提供了极大的方便。

（二）不以营利为目的

国际青年旅舍联盟（IYHF）于1932年成立并注册为一家非牟利机构，它不是以利润最大化为经营目标的营利性企业组织，而以薄利多销为经营原则。但是廉价并不是青年旅舍的代名词，国际上对它的设施设备有21条基本标准规定。如：旅舍要位于市中心或中心商业区、旅游景点或度假区，交通便利；至少要有100个床位，以4～8个床位的房间为主；房间使用上下两层的大床，每床配一个带锁的个人木柜……

（三）坚持以教育为本的经营理念

青年旅舍向人们提供的不仅仅是一条干净的床单，他旨在提高对世界各族青少年的教育，鼓励他们更多地了解、热爱和关心郊野，欣赏世界各地的城市和乡村文化。另外提供没有种族、国籍、肤色、宗教、性别、阶层或政见区别的环境，以促进青少年对本国和国外更深的了解。同时他向人们展示的是一种健康、回归自然的生活方式，推广“读万卷书，行万里路”的文化理念，有调查显示，在接受并喜欢青年旅舍的青年中，77%的人家庭状况良好，足以证明青年旅舍吸引青年人入住的原因不是低廉的价格而在于青年旅舍独有的旅居方式、教育方式和良好的氛围。

（四）注重环境保护

青年旅舍在设计之初，环保就被提上议事日程并在旅舍内采取具体措施予以推广。如利用太阳能，污水循环使用，废纸回收利用。另外青年旅舍也对客人提出了一些有利环保的要求，例如房间内不摆放任何一次性用品，客人必须自己携带牙刷、毛巾及拖鞋等日常用品，房间里的床单不是每日换洗，而是一客一换。

（五）分布广泛且类型多样化、个性十足

作为全球最大的住宿连锁组织之一，青年旅舍分布非常广泛，目前有5600多家青年旅舍，遍布80多个国家和地区。尽管如此，每家青年旅舍的造型基本上无一相同而且各有特色：有古堡型、酒店型、校园型、农舍型甚至山洞型、监狱型等等。除了造型别样外，还有各种各样的主题青年旅舍，这类青年旅舍除提供住宿外可举办各种专项旅游活动。总之，每家青年旅舍都有自己独特的个性和文化特色。

正是国际青年旅舍独特的经营理念和良好的社会效益使得青年旅舍一经诞生便在世界各地遍地开花且蓬勃发展，吸引着众多认同经济、自助、环保和文化交流的背包旅游者，消费者队伍也日益扩大。

1999年9月，中国第一家青年旅舍协会——广东省青年旅舍协会（YHA CHINA GD）正式成立。同年11月，被IYHF批准成为其附属会员，广东青年旅舍协会也是该组织在中国的唯一代表机构。经过十多年的发展，青年旅舍在中国从无到有，目前220多家旅舍遍布全国27个省市自治区和直辖市的各主要城市和乡村。青年旅舍的文化理念得到越来越多的人的认同和实践，“青年旅舍”已在中国年轻人和旅游界中成为知名品牌；中国青年旅舍更为国外青年认识中国打开了一扇窗户，越来越多的外国青年来中国旅行，入住青年旅舍。自2005年至今，中国青年旅舍的过夜天数超过百万，其中23%是国外游客。青年旅舍先后接待了二百多个国家和地区的旅游者，其中绝大部分是年轻人。

入住国际青年旅舍小贴士：

1. 全球青年旅舍实行会员制，因此请尽量带上会员卡入住。

在中国，会员可享受会员价优惠。许多国家的青年旅舍只对会员开放，当然亦可在各国青年旅舍的前台或协会办理入会持卡手续（会员卡的价格当然是在中国办最优惠）。在国内（不含港澳），一张会员卡可以享受一个床位或者一个标间的会员价优惠；在国外，会员卡的受惠人数由当地决定，请在出行前与当地旅舍联系详情。

2. 带上身份证或护照原件。

3. 青年旅舍提倡节能减排，从我做起实践环保：

A）青年旅舍不提供一次性用品（如：一次性洗漱用品、拖鞋等）。入住须自备或向旅舍前台购买。

B）为减少洗涤剂的排放，床单三天或一客一换。当然，如有必要可向旅舍提出即时更换。

C）自己处理自己的垃圾。如饮料瓶、电池、废纸等都要自觉放入旅舍的分类垃圾桶。

D）节约用水、用电。如缩短淋浴时间，随手关水、关灯，将空调保持温度在26℃左右。

4. 青年旅舍提倡公共意识：尊重自己，尊重他人。

A）尊重他人的生活习惯，不要大声说话影响他人。

B）入住旅舍要将自己的东西自觉归放好，不要占用过多的公共空间。

C）使用自动洗衣机、自助厨房等公共设施后，须自行清洁并归放原处以便他人再次使用。

D）看过旅舍提供的书刊后要放回原处，以便别人取阅。

E）不在公共非吸烟区吸烟。

F）深夜回宿舍要避免在走道或房间制造太大响声影响别人休息。

G）尊重旅舍规定和作息时间。

5.青年旅舍提倡自助及助人：

A）用过的杯盘与餐具要自行收拾，放到指定的地方，不要留在桌上，没有人帮你收拾的。

B）入住国外的青年旅舍需自己铺床，退房时请将用过的床单被套放到指定的回收地点。

C）尽量为需要帮助的人提供帮助，入住青年旅舍就是一家人。

6. 保管好自己的财物，贵重物品请务必存放于旅舍提供的贵重物品保管箱，住宿舍的建议最好带一把锁，以便外出时锁住你位于宿舍的储物柜。

7. 用开放的心态去交流，用包容的心态去了解不同的文化和习俗，你会发现这个世界是多么的精彩!

学习思考题

1. 日本合掌村民宿发展有哪些成功经验?

2. 结合国外民宿典型案例，思考国内民宿发展可借鉴哪些国外经验?

3. 结合课程拓展学习资料，小组讨论国际青年旅舍模式与城市民宿间的区别与联系。

项目四　国内民宿案例

【教学目标】通过项目四学习，学生能认知国内民宿典型案例，具备分析国内民宿发展个案的能力。

【教学内容】国内经典民宿案例赏析；国内特色民宿案例赏析。

【教学方式】建议教师结合教材，运用案例分析法、小组讨论法进行教学。

【教学课时】建议教学4课时。

目前，我国的民宿分布主要集中在南方，北方占有少量份额，民宿主要集中在旅游景区周边，依托于旅游景点，以景区为核心向周边辐射，形成了过分集中于景区的特点。主要的形式有，家庭旅馆、客栈、农家乐、青年旅舍、乡村别墅、酒店式公寓。个性化经营是客栈民宿的主要特征，客栈民宿通常在建筑和装修风格上具有浓厚的当地特色或店主个人特色；在经营项目上，通常可以提供自助烧烤、采摘农作物、集体娱乐活动等体验性或自助式项目。房屋数量上通常在50间房屋以下的规模。对于消费者而言，客栈民宿产品区别于标准化住宿产品的地方在于不仅实现“住”的功能，同时通过环境的营造和提供个性化服务使消费者身心舒展、感受到有别于日常生活的旅游体验。

一、国内经典民宿案例

1. 台湾花莲金泽居

◆ **位置**：台湾花莲吉安乡干城村

◆ **设计理念**：会呼吸的健康住宅

（金泽居民宿景观）

◆ **建筑景观特征**：有着白墙斜屋顶的漂亮房子，建筑空间独立而又丰富，环保钢构绿色建筑，具有耐震、防潮、冬暖夏凉的建筑特性。院子不小，挺立着枝丫婆娑的大榕树。房间宽敞舒适，色调温馨，大型落地玻璃窗设计使室内采光优良。

◆ **配套设施与服务**：配备树窝餐厅、各式自行车供游客到附近绿色隧道、莲花池、农场草原自由骑行。

◆ **餐饮**：提供精致早餐，午后茶点。特色美食为莲花火锅。

◆ **特色活动**：赏萤活动、大树底下的秘密等。

◆ **运营服务**：由私人设计经营。

（特色美食/金泽居民宿）

金泽居在业界小有名气，也是早期把景观民宿推向热潮的一个代表。民宿主人非常年轻，本身是花莲理想大地度假饭店的经理，后来转战民宿界；加上之前在日本留学，所以学到了很务实和细腻的服务经营理念，因此是集合建筑师、五星级饭店经营的完美结合体。

金泽居的建筑师不只设计了这间民宿，花莲有超过十间景观民宿都出自同一建筑师的手笔。客人住了一间房和老板聊了之后，很可能就会在口碑效应下，去住了另一间，品牌效应非常明显。

2. 莫干山裸心谷民宿

◆ **位置**：浙江湖州德清莫干山国家级风景名胜区内。

◆ **设计理念**：裸心，返璞归真，远离现代都市忙碌生活的困扰，回归大自然，恢复身心平衡。

（莫干山裸心谷民宿景观）

◆**主题意境**：亚非风情的融合、原始与时尚的碰撞。

◆**功能**：度假功能（客房、裸叶水疗中心、会议中心等）、娱乐功能（骑马、爬山、山地车、采茶、游泳、陶艺制作、绘画、垂钓、高尔夫、射箭等）。

◆**规模**：占地面积400亩，建筑面积12600平方米，121间客房。

（裸心谷民宿）

◆**建筑景观特征**：客房分为夯土小屋和树顶别墅；建筑材料采用环保材料；景观设计讲究原生态和低成本、和谐性和特色化。

◆ **运营服务**：裸心谷酒店管理公司负责项目开发与运营，部分员工雇用当地居民，特色服务由专业人员提供。

（莫干山旅游景区）

莫干山地处沪宁杭金三角中心，上海是现代化大都市，南京和杭州是古城古都，更是目前旅游的热门城市，如此优越的地理位置，为莫干山人气的汇集提供了无限可能。

莫干山是国家级AAAA级旅游景区、国家级风景名胜区、国家森林公园。连绵起伏的山峦、清澈不竭的泉水、式样各异的名人别墅，享有“江南第一山”的美誉。莫干山人文历史源远流长，休闲旅游发展根基深厚扎实，名人、洋人为之背书，各种配套配备齐全。这些都是莫干山民宿发展得风声云气的基础。

3. 乌镇西栅民宿

◆ **位置**：国家AAAAA级景区、中国首批十大历史文化名镇——乌镇景区内部。

◆ **布局**：每一栋民宿都分布于西栅市河的南北两岸，或面水，或临街，出门即可跨入延绵的西栅老街，推窗即可饱览两岸河水秀色。

◆ **规模**：449间（套）客房形式多样，总共房型65种，有标准双人房、大床房、三人间、家庭房、自助房等；每栋民宿房间数三四个到十几个不等，一般都很小。

（乌镇国家AAAAA级景区）

◆ 建筑景观设计特色：清一色的灰墙黛瓦、染布、石料、砖瓦、木窗、木雕、匾额、家具等老式元素运用。

◆ 配套设施与服务：独立卫浴、分体式空调、家用热水器、卫浴用品、电话、直饮水、保管箱、磁卡门锁、卫星电视、WiFi网络、免费瓶装水。

◆ 餐饮：除早餐外，午餐晚餐都可以在民宿里点当地土菜，每一家菜单略有不同，手艺不同。每家“民宿”不论场地大小，都只能同时接待2桌客人，既保证了服务质量，又保证了如同在自己家吃饭的悠闲气氛，同时，管理部门还统一标识了菜品的价格与分量，绝对的明码实价。

◆ 运营模式：西栅民宿产权归景区所有，由景区统一管理与预定，景区雇用房东分散经营，雇用的房东必须符合以下要求：原住民、已婚、会做菜、没有犯罪记录。景区不另外付工资，居民的收入仅为每顿两桌的餐费，且菜钱由房东自己支付。

（乌镇西栅民宿）

由于乌镇西栅民宿由景区统一管理，对客人所提供的服务更加专业，提供统一可衡量的标准，有效的品质保证，使整个民宿的经营科学化、规范化。同时，也满足了客人的个性化需求。一间间古木生香的民宿临街而立，布置得朴实而又高雅，水阁上的客厅、临水的卧室、整洁的厨房、洁净的盥洗室等一应齐全，给游客如抵自家的温馨和自在。在民宿，游客可以选择临窗依水静静地观景看水、可以在水上阁楼默默地喝茶阅读、可以按照自己的饮食习惯点菜，也可以与房东一起买菜烹饪、更可以与房东唠唠家常说话聊天……乌镇的美，在小桥、在流水、更在人家，西栅民宿将这种唯美诗境诠释得淋漓尽致。

4. **丽江客栈民宿**

◆ **代表民宿**：束河海月轩客栈

◆ **位置**：云南丽江玉龙雪山束河古镇中心位置

（束河海月轩客栈）

◆ **周边资源**：距离束河著名景点酒吧街、九鼎龙潭、石莲寺、放水冲街、四方街步行都在5分钟左右。去周边景点大研、白沙、玉龙雪山、玉湖村、三朵阁、玉水寨等景点也非常方便。

◆ **规模**：9个客房（6个景观大床房、2个景观双人间、1个带观景阳台的家庭套房）。

◆ **建筑景观特征**：由传统的纳西庭院改建而成，保留了纳西族原有的建筑风格，同时融入现代高品质酒店的现代设计。每个房间都经过精心装修，独家推出明净的全景落地玻璃墙、遮阳窗帘设计。

（纳西族建筑风格与酒店现代设计）

◆ **配套设施与服务**：配备了客厅茶室、玻璃阳光房、厨房、洗衣房；提供免费早餐、免费品茶、免费洗衣、免费水果、免费瓶装水、免费WiFi、免费书籍、免费桌游、免费旅游咨询等；有偿接送飞机、火车服务。

◆ **运营模式**：由外地人租用纳西民居，进行装修改造、经营。

（纳西庭院）

花草院子、舒适吊椅、惬意慵懒的小狗是丽江客栈民宿的标配。而各家客栈民宿又风格迥异，独具灵魂。在丽江客栈民宿喝一口茶、读一本书、晒一晒太阳，感受那种纯粹悠然的小时光，已然成为一种独特的文化，构成了丽江旅游文化的一脉。

国内经典民宿特征

无论是沿用传统特色建筑，还是采用现代创新建筑，建筑本身就是民宿的一大亮点和卖点。自然人文资源对于民宿即是依托，又是构成部分。民宿需要自然人文资源作为吸引物带来的市场客源；挖掘文化资源，融入自然人文环境要素，赋予创新灵魂，才能打造特色鲜明、主题各异的民宿产品。体验原乡文化与生活风情是民宿有别于其他住宿形式的永恒不变的特色。民宿是游客感受当地文化，体验当地生活的有效接入口，民宿需具备体验原乡生活的功能。民宿是民宿主人个性的最佳秀场和吸引志趣相投之人的聚集地，民宿主人是民宿鲜活的灵魂。

二、国内特色民宿案例

它们有的是身处胡同深处的四合院，小资又饱含京味；有的是隐于喧嚣上海中的老洋房，用摩登的情调让你穿越回旧时光；还有的环境超美，设计感爆棚。

1. 北京北平花园——北京最漂亮民宿之一

（北平花园民宿）

如果你去过北平花园，就一定不会怀疑，它是北京你所能见到的，最漂亮的民宿之一。大厅和院子被各种绿植覆盖，像一个绿幽幽的室内森林，露台又被巧妙地打造成了一座梦幻花园。 它就这样隐藏在北京的胡同深处，自然又独特的存在。白色和原木色为主要色调的装修风格，仅有的6个房间，都是私密和安静的。房间内是精心挑选的埃及棉床品，欧舒丹的洗护用品，还有空气净化器和加湿器，让你不必担忧北方的干燥和雾霾。

地址：北京 西城区 西四南大街路西 兵马司胡同内 小院胡同15号

2. 上海黄浦江边的码头民宿——阑珊洋房

（阑珊洋房民宿）

江水滔滔，汽笛长鸣，这里原本是上海老码头影视基地的一个候船室取景地，后来被沈斌改造成了年代感满满的民宿——阑珊洋房。民宿距离江边也就几步之遥，活脱脱一套无敌江景房。每日清晨，耳旁会飘来几声轮船的汽笛声，锚起锚落，人来人往，码头开始热闹起来；到了傍晚，一切归于平静，停驻在岸边的轮船，随着江水流动而起伏。

（阑珊洋房民宿）

庭院里，铺上了古董砖和绿色草皮，竹篱笆墙内栀子飘香，白兰摇曳，与黄浦江平行的露天泳池甚是应景。在这里，可以吹吹江风，在专属泳池里游游泳，晒晒日光浴，或在草地上办个烧烤派对，众人狂欢。民宿内部主打20世纪30年代老上海洋房的复古风，深绿色的木质护墙板与深褐色的家具搭配，营造了一种厚重感，让空间充满叙事的味道。再加上Art Deco风格的灯具和饰品、留声机、真皮沙发、实木的桌椅……都散发着浓郁的老上海气息，这些中西完美融合的细节就是它最迷人的地方。无论你是为了怎样的目的来到这儿，你总能过上你想要的生活。

（阑珊洋房民宿内部装饰）

地址：上海宝山区化成路

3. 广州最具禅意的民宿——【未象·中国生活美宿】

（未象·中国生活美宿）

这里是广州最繁华的CBD中心，摩天大楼林立，总是人头攒动，站在40层楼高的“未象”不由感叹“丘樊太冷落，朝市太嚣喧”，这里就刚刚好。“未象”这个名字来源于南朝宗炳《画山水序》里的“圣人含道映物，贤者澄怀味象”，“未”同“味”是体会、玩味、感悟，“象”是景致、世间万象，“澄怀味象”大意是静下心来，体会世间万象，感受生活之美，这也最能代表房东做这个民宿的初衷。

（未象·中国生活美宿体验空间）

置身于120米的高度，从“未象”的阳台俯瞰广州城，整个城市如同一幅画卷在眼前徐徐展开，芸芸众生熙熙攘攘，“大隐于市”大抵便是如此吧。“未象”致力于打造一个集住宿、器物、文化传习于一体的中国传统文化生活体验空间。以“中国生活美学”为核心，展现一种智慧、优雅、从容的生活方式。民宿内采用了沉稳大气的新中式设计风格，围绕“琴棋书画诗酒花茶”，打造了一个透着丝丝禅意的空间。超大的客厅被布置成了一间茶室，原木长台上备有茶具，置物架上有主人留下的各种好茶，客人可以自取饮用。

（未象·中国生活美宿体验空间）

“未象”的四个客房，取自陈洪绶《隐居十六观》之味象、谱泉、囊幽、缥香四观意境，从空间营造，器物选用的各个侧面呈现了四个各具特色的主题房间，传递出传统文人的生活之雅。如果你来到广州，一定要住进这间未象民宿，青烟缥缥，随心沉浮，让你的浮躁的心慢慢沉淀下来。

地址：广州天河区富力·公园

4. 杭州临安僻地寒楼——你可以住在树上 也可以住进洞屋

（小土屋）

电影《指环王》里霍比特人居住的洞屋让人眼前一亮。在杭州的临安就隐藏着这样一处童话小屋。在那里，你可以住树上，可以住洞屋。烤着火堆静静看书，漫步溪林听水声发呆。看星星入睡，在鸟鸣中醒来。你可以在门前小溪捕鱼捉虾，在盛夏的夜晚扑萤火虫，围着院子里的篝火聊天歌唱，卧在躺椅里数漫天繁星。还可以跟着店主种菜、磨豆腐、包粽子、蒸馒头、擀菜饼……只要感兴趣的，店主都愿意教你。那一抹隐于绿树间的黄色小土屋，圆圆的、矮矮的、外形Q得不要不要的。而洞内暖色调木质装饰，简洁却透着温暖的感觉。

地址：杭州临安市河桥镇九江坞1号

5. 三亚人间天堂鸟巢度假村——栖居于丛林之上 可眺海连天

（三亚人间天堂鸟巢度假村）

这里是《非诚勿扰2》的拍摄地，位于三亚亚龙湾热带天堂森林公园里面，所有鸟巢客房栖居于丛林之上，云雾袅袅，可眺海水连天，晨聆窗边虫唱鸟鸣。著名的公用无边泳池——峭壁天池。房间露台上有小泡池，三面环窗，可以看到亚龙湾海景。

（景观/装饰）

地址：三亚亚龙湾热带天堂森林公园鸟巢度假村

6. 清远九州驿站天门沟树屋村——原始森林中的温泉树屋

树屋，是天门沟最为特色的住宿了，位于英德市石牯塘镇八宝围仔村。树屋依山而建，掩映在原始森林中，不仅把房子建在了树上，连温泉也建在了树上！

▽ 空中吊屋

（空中吊屋）

空中吊屋约高10米，分为四层。二楼是日式圆形温泉池，三楼四周环绕着四个吊篮，中间是卫生间和厨房，四楼则是会客、娱乐的空间。

▽ 温泉树屋

（温泉树屋）

温泉树握分组合温泉树屋与独立温泉树屋两种，配公共温泉池、楼台、功夫茶台。

▽ 蜂窝有巢氏

（蜂窝有巢氏）

酷似马蜂窝的“蜂窝有巢氏”位于整个山林深处，幽静私密，共4间房。每间房都有独立的阳台，独立的温泉池、茶桌，除了主卧，还配一间为小孩准备的小卧室。

▽ 树上围屋

（树上围屋）

树上围屋有蜜蜂寨、黑蜂寨、赤蜂寨、青蜂寨、黄蜂寨、竹蜂寨、鸟巢寨不同命名组合，4～10间单体树屋通过空中平台连接形成一个组合围屋。

▽树上汤泉

（树上汤泉）

树上汤泉浴场，大大小小的温泉错落的点缀在树上、竹台上、岩石上，形成了一个很有趣的温泉乐园，比较特色的有彩虹露浴和树上药浴温泉。

地址：清远英德市石牯塘镇八宝围仔村（石门台自然保护区西部）

7. 长沙柏锐·美麓智能民宿——坐落于岳麓山顶 可俯瞰长沙城

民宿位于长沙岳麓山山顶。独有的大天台，私密性强，天台上设有两套藤制桌椅，天晴时可多约一些朋友或家人来休闲品茶或打牌娱乐。房间风格也很素雅，木质的地板围栏，阳台上的浴缸。推窗即是山野，傍晚可以看落日，晚上赏月、赏星星。

（长沙柏锐·美麓智能民宿）

地址：长沙岳麓区橘子洲街道岳麓山顶

（文章来源：http：//baijiahao.baidu.com/s?id=1584915773603282746&wfr=spider&for=pc，民宿客）

【拓展学习：德清县莫干山北麓的仙潭村民宿发展】

2007年，南非人高天成“误打误撞”来到莫干山西部的劳岭村，从当地人手中租下了数间土坯房，并打造成了高端度假村“裸心乡”，莫干山的“洋家乐”随之一炮而红。公认的看法是，此后莫干山地区民宿行业的大发展便由此肇始。12年过去了，翠竹满坡的莫干山上，民宿有如春笋般次第冒出，沪苏杭小资青年，跟风而去。

莫干山所在的德清县，民宿产业起步早、发展快。2015年德清就发布了全国首个县级地方标准规范《乡村民宿服务质量等级划分与评定》。在乡村振兴战略的大背景下，莫干山的民宿经济无疑是一个打好“乡村旅游”牌的成功案例。然而，当地不少从业者困惑与期待共存。莫干山民宿在经历一番高歌猛进后，不知不觉来到了十字路口，民宿数量的高速增长和愈演愈烈的同质化竞争让人发愁。可喜的是，当地政府在民宿经济快速崛起后，尊重市场、服务市场，通过一系列的活动、项目，让旅游内容丰富化，吸引人气。

相比之下，长三角乃至全国一些后发地区的乡村，探讨发展亮点时常把民宿或农家乐摆出来，绿水青山和乡村振兴，似乎能由此一下子与“诗意”捆绑在一起。现实究竟如何？藏身于德清县莫干山北麓的仙潭村，不到2000人的村庄已开出了100多家民宿。记者特意探访，剖析这个江南小乡村。

（仙潭村，村里新装修过的房子，基本都是民宿。　于量摄）

□巴不得整村都搞民宿

仙潭村党总支书记沈连根说：“如果没有民宿，这个村就完了。”这话不假。仙潭村本是个穷山沟，莫干山的茶叶和毛竹是主要经济来源，但利润都极其微薄，且受制于季节，以前村里人大多数时间还是要靠外出务工谋生。在沈连根看来，在发展旅游之前，背靠的这座青山从某种程度上讲几乎“一分钱不值”。如今在村里开民宿的姜文英也记得，在20世纪90年代因她在工商所工作的缘故，多次来过这一带的村子，看到村里人到了冬天便无事可做，只能烤火晒太阳。

十多年前，情况开始改变。沈连根回忆，当时部分村民在家中摆出圆台面，向过路游客提供简单餐饮，并逐步开始提供住宿服务，虽然每晚价格不过百元，但也让大家初次尝到了甜头。2013年，一支上海团队在仙潭村租下了当地人的房子，开出了第一家真正意义上的民宿“大乐之野”。彼时，劳岭村的“裸心乡”和同在莫干山附近的一些“洋家乐”民宿已小有名气。但是当这个时髦玩意儿真正来到了家门口，仙潭村的人们还是为之一振：原来旅游这门生意，还可以这么做。

有样学样，仙潭村本地人也纷纷搞起了民宿。沈连根回忆，“大乐之野”开张后的那几年，每年村里都至少有20家新民宿开张。仙潭村总面积11.8平方公里，如今开出了135家民宿。值得一提的是，这些民宿90%由当地人经营，其中80%由返乡创业人员开办。

民宿给仙潭村带来的变化是巨大的。2018年2月，国务院新闻办就乡村振兴举行中外记者见面会，时任德清县委书记项乐民就提到了仙潭村的民宿产业。项乐民说，仙潭村的民宿一年能为当地村民带来各类收入累计近千万元。2017年，仙潭村人均收入突破3.4万元，较五年前足足翻了一番。

“以前村里年轻人都到外地讨生活，留在村里的老人和妇女只能打打零工。自从有了民宿，这些阿姨妈妈们就成了服务员、保洁员，也有了稳定的收入。”沈连根说，按照当地“行规”，仙潭村民宿服务人员的月均工资在3000元左右，年底双薪。“90后”本村年轻人陈耀于2016年回村，在民宿当店长，月薪8000元，不仅收入比他在浙江永康的一家物流公司高一倍，还显得很有面子——朋友圈里发的都是青山绿水与高颜值民宿。

在沈连根看来，把村里的“绿水青山”真正变成“金山银山”，落脚点必然是民宿。他认为，仙潭村民宿“开得越多，生意越好做”，因为民宿的大规模集聚能够产生带动作用，从而实现引流。按照他的设想，未来仙潭村至少要有60%～70%的人口投入民宿行业，从而实现整个村的共同富裕。

“我巴不得整村人都来搞民宿咧！”沈连根说。

（仙潭村花海/图片由采访对象提供）

□新鲜劲儿过去了怎么办？

沈连根的女儿沈晓琳在村里当了民宿老板，可她没父亲那么乐观。相比对未来的预期，她更在意眼前。

2013年，“大乐之野”在仙潭村开张，每晚千余元的房价让沈晓琳觉得不可思议。更不可思议的是，高价也没能阻碍一波又一波的城里人开着私家车跑到山里来。此后开张的民宿也是“开一家火一家”。在沈晓琳的印象里，有那么一段时间，仙潭村的民宿根本不分淡旺季：“一年四季都有人来，房间都要提前很久预订。若当天来，整个村子里压根找不到地方睡。”

沈晓琳心动了。2014年年底，她找来设计师，决定将自家的毛笋加工厂改建成民宿。相较同行，沈晓琳的民宿规模更大、房间更多，草坪、吧台、咖啡厅、露天泳池一应俱全。2016年10月，沈晓琳的民宿“清栖·莫干山”终于开门迎客。

也许是耗时近2年的装修施工，让沈晓琳错过了“风口”。开张后的第一个月，营业额只有1万多元。直至2017年夏季，低迷的经营状况才有所缓解，迎来了第一波订房的小高潮。但好景不长，沈晓琳的生意在2018年又不行了。去年国庆假期过后，她和店里的阿姨每天都窝在店里看电视，“一看就是一整天”。

沈晓琳不是没想过办法。她找来一家旅游类的自媒体，希望宣传。对方开价1万元，最后砍价一半，但要“包食宿”。可是，文章阅读量不到2000……此后又有一档真人秀节目在她的民宿取景，节目嘉宾包括TFBOYS成员王源等。沈晓琳原本指望，能将粉丝转化为客人，谁知粉丝来了，不过是在店门口拍照留影，然后走人。

2018年，“清栖·莫干山”全年流水约80万元。在仙潭村民宿行业的“后来者”中横向比较，沈晓琳的经营状况已经算是不错的了。她坦言，只要能够坚持，不至于无以为继。只是对于未来，唯有“走一步看一步”。

问题到底在哪里？经营民宿两年多，沈晓琳有自己的思考。在她看来，消费者对于民宿的新鲜劲儿已经过去了，民宿在全国各地都越开越多，吸引力自然也就越来越小。“我最怕客人问我附近有什么好玩的地方。最近的莫干山景区，开车过去半个小时。我们村里，没有夜市、没有夜宵、没有能打卡的网红店，就连晚上出来散个步也连个路灯都没有。”沈晓琳说。

莫干山所在的德清县政府部门，也已察觉到市场的变化，并正在采取举措。当年民宿大环境好，政府尊重市场，创造优良环境鼓励民宿发展；如今民宿经济整体下滑，莫干山旅游市场也探索转型，从2017年至2018年，凯乐石跑山赛、TNF100莫干山国际越野跑挑战赛、莫干山国际竹海马拉松、全国山地自行车锦标赛等赛事先后在德清举办或永久落户。

（仙潭村“欢乐跑”活动/图片由采访对象提供）

□业主们也在探索新出路

莫干山的民宿业主也在探索新出路。在德清的民宿圈子里，大家都管姜文英叫“淡水姐”。“淡水姐”原是当地的公务员，在机关工作了20多年，本可以“太太平平混到退休”。但是人到不惑，姜文英向往的依然是诗和远方。在这种“小清新”式的理想驱动下，她在2015年辞去公职，到仙潭村搞起了民宿，取名“蕨宿”；自媒体帮她家民宿宣传，标题离不开“公务员下海开民宿”。她不喜欢“下海”这个词，坚持说是“辞职”，她始终希望，民宿是“小而美”的。然而，作为老板娘的姜文英不得不做出更多的妥协。

她本坚持，青山绿水间的民宿里，自动麻将桌这种东西断然是不应该出现的。但是架不住客人的一再要求，姜文英最终还是买来一台。只是平日里麻将桌都罩上罩子藏在角落，客人不提绝对不主动拿出来，算是她“最后的倔强”。

又比如，“蕨宿”在2017年砌了泳池。“2016年的时候，客人来问有没有泳池，虽然我这里没有，但客人八成还是会留下来。到了2017年，再说没有泳池，客人转身就走。”姜文英说。各家民宿那一方方又小又浅、比浴缸大不了多少的泳池，“形式大于内容”，但没办法，如今在莫干山，泳池是民宿“标配”。

姜文英认为自家是莫干山的第三代民宿。依照她的标准，第一代是当年老外们搞的那些“洋家乐”，主打“与自然融为一体”，房间里不仅没有空调，压根就没几样东西是插电的；第二代以仙潭村的“大乐之野”为代表，开始讲究装潢，同时更多考虑舒适性；至于她这样的第三代，则是赶上了莫干山民宿高速发展的尾声，装潢要体现风格和设计，硬件设施则更为标准化，房间里也有了地暖和中央空调。

吉晓祥是“大乐之野”的联合创始人之一，在他看来，无论是仙潭村还是整个莫干山地区，民宿行业的发展前景依然是乐观的：“这块市场是巨大的，因为需求越来越大。”吉晓祥所说的“需求”，是城市人对于乡野“慢生活”的向往，是与山水自然重新建立起联系的向往，这种向往恰恰是刻在中国人的文化基因里的。民宿无非是“慢生活”的一个“入口”，在它背后还有更大的想象空间和市场空间。

“比别人先迈出一步，自然也会先一步碰到问题和瓶颈。莫干山对于民宿的管理、拓展、经营都非常规范，同时也开始逐步控制民宿的体量和开发，这会让莫干山以后走得更好。”姜文英说，“关键要有信心，要坚持。”

（仙潭村民宿“莫梵”/图片由采访对象提供）

□“红利”如何长期持有

数据不骗人，2018年莫干山的游客数量，比前一年增长了13%以上。同时，莫干山民宿的床位数也增加了近1倍。一个仙潭村民宿多达135家。吉晓祥觉得，仙潭村民宿良莠不齐的情况已经开始逐步显现。他说自己不怕竞争，怕的是“后来者”们把整个品牌给搞砸了。仙潭村另一位小有名气的民宿经营者，“莫梵”的老板沈蒋荣也持类似观点。自2014年起经营民宿至今，他愈发意识到提升品质的重要性。

作为莫干山民宿协会的副会长，沈蒋荣主张仙潭村的民宿抱团发展，首先避免内部的恶性竞争：“现在生意不好，有些人家就盘算着打价格战。”沈蒋荣透露，据他所知，部分经营者正通过一些渠道商和自媒体策划各种打折活动，打折幅度惊人。“1000元一晚的民宿，打折打到500元一晚，那你让原本定价500元的民宿还怎么活？”沈蒋荣说，他也对民宿规模的过度扩张感到担忧，一些地理位置非常不好的农舍也变身为民宿，经营肯定成问题。

沈蒋荣也反对旅游产品设计上的跟风：“前段时间玉环县有个玻璃栈道火了，我们村里也想弄。我个人是不赞同的。玻璃栈道全国各地都有，太容易被淘汰。另外，这种旅游景点靠的就是旅游大巴拉人。如果30多辆大巴车来，仙潭村原本的这份宁静还有吗？这份宁静不恰恰就是我们最大的卖点吗？”

“要练好内功。”沈蒋荣说，他第一个回村投资，把自家改造成高端民宿的本村人，在经营之外，他更关心村子的发展。他正在打山里竹林的主意——如今竹子便宜了，不值钱，村中偏远山中的竹子，若要弄出来卖，得倒贴人工费，若不管不顾，竹林也就荒着。若政策允许，能否在竹林里搭建玻璃房？做书屋或者当茶室，别有意境。若能在竹林里搭个竹棚，带住客们体验下酿米酒的过程，也不错。

他还着意于外来投资者、本村民宿从业者与当地村民们的“共生”，他牵头让各民宿的住客“串门”，让各家民宿一起出钱，请村里老人吃饭；他还组建了舞龙舞狮队，把村里搞得热热闹闹的。相比他刚回村投资民宿的2014年，村里的改变非常大：路、网等基础设施改善之外，最让他高兴的是村里不少原本废弃的老房子都成了漂亮的、洋气的民宿，再无凋敝景象；村里农产品都卖光了，在民宿工作的阿姨都是附近村民，常有客人跟着阿姨们到田间去采摘，村里的年轻人大多回来了，就业很好。

他设想，一些经营不善、设施不完善或位置不佳的农家乐，能否打包起来做高端养老产业，引入高端民宿的服务理念，如此这般的健康产业，与莫干山的“体育+旅游”也更相得益彰。

靠着民宿经济起家的仙潭村，如今要考虑的是，如何长期持有这些“红利”，并把乡村振兴的内容进一步丰富起来。难能可贵的是，在莫干山，无论是官方还是民间，都是在思考，在不断改变，不断引进新的资源。（本文来自解放日报·上观新闻华东局栏目）

学习思考题

1. 通过国内民宿案例学习，思考发展民宿有哪些可借鉴的经验。

2. 思考经典民宿与特色民宿之间的区别与联系？

3. 结合拓展学习资料，小组讨论德清县莫干山北麓的仙潭村民宿经济发展现状给民宿产业的健康发展带来什么启示。

项目五　国内民宿管理导览

【教学目标】 通过项目五学习，学生能掌握民宿组织管理的内容和原则；掌握民宿组织结构的层次和形式；了解和熟悉民宿的组织制度。

【教学内容】 民宿组织管理；民宿管理的内容；民宿管理原则；民宿组织结构与制度；民宿部门设置。

【教学方式】 建议教师结合教材，运用讲授法、案例分析法、情景模拟法、翻转教学法等进行教学。

【教学课时】 建议教学2课时。

规范化管理是民宿的必备要素，高效能的管理对民宿企业的发展至关重要。社会的快速发展，观念的迭代、更新，人性需求的不断完善，要求民宿管理制度不断变革、创新。当前，非标准住宿的民宿已成为多样性旅游业态的细分市场，受到广大个性化旅行者的喜爱，呈现出蓬勃发展的态势。

一、民宿组织管理的含义

1. 民宿组织必须有目标，目标是民宿组织存在的前提；

2. 有分工与合作也不能成为民宿组织，分工与合作关系由民宿组织目标限定；

3. 民宿组织要有不同层次的权利与责任制度。

二、民宿管理的内容

（一）业务分工与协作

民宿组织管理对实体的建设先要按照分工的原则对业务作专业化划分，同时又要使专业化的组织活动和业务活动保持高度的协调一致性。

1. 制作民宿组织图。

2. 业务界面划分。

3. 建立岗位责任制。
4. 业务组织关系。

（二）管理人员的配备和使用

1. 用人理念：德才兼备，以德为重。
2. 确定用人标准：基本素质、管理能力、业务知识和业务能力。
3. 管理人员的配备程序：提出候选人、进行考核、确定人员、使用和授权。
4. 管理人员进入角色、授权、用人不疑和制约机制、爱护培养、严格考核。

（三）任务的分配

1. 确定组织目标：通过制订计划形式来确定民宿的目标。
2. 分解指标和分配任务：
(1) 根据计划，将任务分配到各个部门；
(2) 各个部门根据目标和任务，制订本部门的计划。
3. 目标考核。

（四）劳动组织

1. 业务流程和协作。
2. 业务流程时序上的设计。
3. 业务流程空间上的业务流程。
4. 排班。

三、民宿管理的原则

（一）满足经营需要的原则

1. 组织形式要为经营服务。
2. 组织形式要为组织目标服务。
3. 组织形式要为效率服务。

（二）等级链和指挥统一原则

1. 权责相当原则。
2. 服从命令原则。
民宿从最高管理层到最底管理层所发布的指令、精神应保持一致，各种指令之间不应有矛盾冲突。

3. 命令统一原则。

民宿的任何指令不管经过多少级别都应逐级指挥，不能越级指挥。民宿的每一个员工只有一个顶头上司，只听命于一个直接上级。

（三）管理幅度和授权原则

1.管理幅度：一位管理者根据组织大小明确有效管理直接下属的人数。

2. 授权：（1）授权形式；（2）组织明文规定上级在职权范围内授权大小。

（四）团结一致的原则

1. 加强企业文化建设：一方面要加强企业文化的建设，另一方面要有组织保证；

2. 相互尊重，相互关心：从制度和道德观念上确定每位员工的人格尊严观，以人格的力量建立起人与人之间的正确的关系、相互尊重相互关心；

3. 处罚制度：以制度形式界定破坏团结的言论和行为，并采取相关的处罚手段；

4. 模范表率作用：各级管理人员在组织团结一致方面起模范表率作用。

（无华民宿员工过新年）

（五）适应环境

民宿市场竞争越激烈，民宿的组织形式就越要适应外部条件的变化，而且反应要迅速。随着国内民宿的连锁化经营方向发展，不同的品牌经营方式要求有不同的组织形式。

四、民宿的组织制度建设

（一）民宿基本制度

1. 总经理负责制：总经理是民宿经营管理的中心，根据董事会或投资者的决策，全面负责民宿的经营决策。

2. 员工手册

（1）员工手册是规定全体酒店员工共同拥有的权利和义务、共同遵守的行为规范的条文文件。

（2）员工手册制定的依据：根据我国政府有关的认识劳动法规；依据民宿工作的特点；依据国际酒店业的惯例。

3. 经济责任制

（1）民宿对国家的经济责任制；

（2）满足宾客需求；

（3）满足社会效益（解决就业、社会公益活动）；

（4）民宿内部的经济责任制。

4. 岗位责任制：民宿岗位责任制是以岗位为单位，规定了每个岗位工作职责及该岗位责任。

5. 服务规程：指每做一项工作所要遵循的标准化的工作步骤、要求和所要达到的质量目标，即具体的服务程序和质量标准。

（二）专业的管理制度

1. 行政制度：行政办公制度、行文制度、报告制度、发文制度、行政档案制度、与行政主管部门联系等人事制度。

2. 人事制度：聘用、录用、培训制度、人事管理制度、劳动工资制度、奖惩制度、考评制度、福利制度、晋升。

3. 安全保卫制度

（1）与公安、安全、消防、防疫部门的配合；

（2）内部安全制度；

（3）消防安全制度；

（4）安全交通制度。

4. 财务制度：采购管理制度、交际费用制度管理、收据管理制度、会计管理制度、物资库房管理制度。

（三）民宿的机构设置

1. 小体量民宿的机构设置

（1）店长；

（2）前台；

（3）保洁。

2. 中体量民宿的机构设置

（1）营业部门：前台部、客房部、保障部；

（2）职能部门：经理办、营销部、财务部。

3. 大体量民宿的机构设置

（1）营业部门：前台部、客房部、管家部、餐饮部、保障部；

（2）职能部门：经理办、营销部、人事部、财务部、市场部。

五、民宿的部门设置

（一）民宿营业部门

1. 前台部

（1）负责接待所有抵店顾客；

（2）联络和协调民宿客服工作，及时将客房预订、实际住客情况及顾客的特殊要求等信息传递给其他有关部门；

（3）提供预订、问询、开房、礼宾、行李寄存及运送、商务中心、机场接送等服务负责接收并处理顾客投诉。

（图为无华民宿前台）

2. 客房部

（1）为顾客提供高标准的客房服务；

（2）负责做好客房及公共区域清洁卫生；

（3）负责洗涤客房和餐厅的所有织品、全店员工的制服以及顾客衣物；

（4）负责客房设备、用品管理，降低营业成本。

（图为无华民宿客房）

3. 餐饮部

（1）根据顾客的具体要求，举办各种类型的宴会、酒会、招待会、国际会议举办各种美食节和时令、节日特选等餐饮活动；

（2）严格控制餐饮成本，不断提高经济效益。

（二）民宿职能部门

1. 总经理办公室

（1）根据总经理办公室的要求起草各类公文；

（2）安排总经理召集的有关会议和活动；

（3）负责民宿内外各类文件及有关资料的收发、传阅、立档、保管等，并负责民宿档案管理和印章、介绍信管理；

（4）制定必要的管理制度，规范办公秩序和程序；

（5）负责检查和督促总经理各项工作指令的贯彻和落实；

（6）接待访客，协调内外关系；

（7）负责行政车辆的管理和使用。

2. 人事部

（1）制定民宿人事管理、劳动工资福利和员工培训等方面的规章制度；

（2）确定岗位的责任和任职要求；

（3）负责新员工的招聘，组织员工培训考核；

（4）对员工进行考核和奖惩；

（5）组建质检培训网络；

（6）负责民宿的后勤和福利；

（7）负责协调与卫生防疫、街道等行政管理机关的关系。

3. 营销部

（1）分析研究民宿的营销环境，根据市场和民宿自身条件选择合适的目标市场；

（2）制定合理的价格政策，研究、预测和拓展客源市场；

（3）重点销售民宿客房、宴会和回忆产品，与客户保持良好的业务关系；

（4）树立民宿良好的市场形象，不断扩大民宿知名度，逐步提高市场占有率。

4. 保障部

（1）指导并协助民宿各部门采取措施，做好防盗、防火、防灾等安全保卫工作，推行安全责任制，保障住店顾客和员工的人身和财产安全；

（2）对民宿员工进行安全教育，进行安全工作程序及技术的培训；

（3）执行日常的安全巡逻和监视工作；

（4）与当地公安、消防等部门保持良好的工作联系。

5. 财务部

（1）负责向顾客提供结账收银服务；

（2）审核民宿当天的营业情况，并编制成营业日报表供总经理参考；

（3）负责民宿营业成本和费用的控制和管理；

（4）负责民宿各类采购物资的验收及付款；

（5）负责民宿财务核算，编制财务报表；

（6）负责民宿电脑系统软硬件、维护与管理，对操作人员进行维护；

（7）制定和完善民宿财务操作和管理制度；

（8）负责民宿日常运转资金的管理。

学习思考题

1. 简述民宿管理的内容。

2.简述民宿各部门的职责。

3.结合课程学习，思考如果你是民宿经理，应该怎么管理员工。

项目六 民宿前台

【教学目标】通过项目六学习，学生能认知民宿前台的接待工作，通过教学活动讲解及分组模拟实操初步了解民宿前台工作的综合素养，具备担任民宿前台接待工作的能力。

【教学内容】民宿前台；民宿前台日常工作；民宿前台需具备的应变能力；民宿前台的SOP程序。

【教学方式】建议教师结合教材，运用案例教学法、讲授法、情景模拟法、翻转教学法等进行教学。

【教学课时】建议教学4课时。

一、民宿前台

1. 前台

前台接待，又叫“行政前台”，与“行政后台”对应，归属公司行政部管辖，它是现代企业典型职位之一，属于面向于公司外部的公司门面，代表着企业的形象，必须形象气质佳，由于此岗位需要值班，不得脱岗，故此职位人数最低不得少于2人。其通常主要负责客户的来访及登记、电话转接等事务，迎候来宾、判断来宾意向并与接待、办理相关手续、接听来电、回访常见问题。

2. 民宿前台

民宿前台是综合性较强的工作岗位，根据当地情况及客栈规模进行匹配相应前台人员。民宿前台是对外的窗口，代表了一个民宿的形象，也是和客人接触比较多的一个岗位，肩负着客人入住、离店、结算、咨询等重要责任，所以前台的重要性不言而喻，管理好自己的形象、谈吐、耐心、业务能力熟练，是一个优秀前台的必备素质。民宿前台兼职性比较强，有固定一人前台，也有店长兼职前台接待。

（无华民宿IN店前台）

二、民宿前台的日常工作

（一）民宿前台的首要任务是接待

民宿前台接待分为电话咨询、订单接待和到店接待。

（二）民宿前台的日常工作

1. 熟知房型、数量、价格

民宿房型的个性化、不规则性，就需要我们熟记房型大小、所在楼层、房间朝向、房内设施设备的具体情况。一家民宿品牌企业会有1～2家门店，民宿院落、房间会在原有风貌结构的基础上进行改造，熟悉连锁店的房型、数量、价格也是必要工作。有部分客人在预定客栈时，会按照预订酒店的思路进行咨询。房价如何？有几个标间？××房型有几间？床有多宽？能不能加床？

2. 每日早晚交接

民宿前台需要在每天固定时间进行交接工作。可交接给店长或副店长，这样才能避免客人房间漏订或重复订单等情况。及时交接当班时需要移交解决的事，客人主动提出换房、续房的，我们需要第一时间给予客人回复，如超出自己权限的需第一时间告知客人并请示店长，满足客人需求。

如有在店客人需临时寄存物品的，需进行详细备注寄存数量、种类、联系方式等。

同样需要交接的还有预定房客是否到店，并对订单结账，核对当班订单、退房、续住情况。

3. **网上订单确认，网上房价修改，房间信息维护**

前台电话咨询也属于即时性信息，现在大数据网络时代，出行预约，房间预定我们会更倾向于网络订单，那么就需要我们前台在处理日常事务的同时，及时关注网络订单、及时确认订单。

为什么需要及时处理网络订单呢?

旅客在网络平台购物的时候都会关注店家的评分及好评榜，而评分越好的店铺在网络平台同一水平排行时会更靠前。那么民宿就需要前台人员及时接单，确认房型、安排房型。这样才不会出现拒单、漏单情况，给客户更好更快捷的OTA体验。所以民宿前台在接单前就需要知道当天空余房型数量及房价等。

4. **民宿前台接单后，派发、协调服务工作**

移动互联网时代，借用现代即时通信工具如微信工作群派发，根据当天管家工作量进行分配（每位管家状态或根据当天的订房数量分配到管家）。客人需求第一时间通知到相对应管家（衔接）；管家告知客人即将到店，提前做好制卡等工作，客人到店后缩减过程时间。

5. **每天中午12点确认订房、空房数量并进行统计**

民宿空房数量及房型、价格需要前台接待熟识于心。记忆房型、房价、房态信息在给客人进行讲解时，我们才能给予客人更加专业的感觉。许多酒店或者客栈的退房时间介于中午12点至下午2点间，为什么我们客栈更多倾向于12点呢？这是根据当地航班、高铁、班车时间及旅客出行习惯制定的。而在12点前退房，在旺季时我们可以给予客人入住房间时更加细致的保洁环境。民宿前台除了需要做基本的房型统计工作外，还需要与时俱进地处理更多的即时性信息。

6. **引领客人看房，知道床品的种类和数量**

除了电话咨询以外，还会有潜在的客人自行进店咨询，这类客人我们统称为“自来客”。当“自来客”到店后，第一时间会询问前台人员是否有房及问询房价。其次才是引领客人实地看房。在看房时需要注意语言引导性、准确性及语言策略，需要关注客人是否有订房意向等。

（无华民宿IN店亲子房间）

【教学互动设计】（5分钟）：

例：我们这间套房为全智能客控，床垫是希腊纯进口COCO-MAT，洗漱用品为法国Seven-PULS，24小时WiFi热水及地暖供应。

问：从刚才的一段房间介绍中，你获得了哪些房间信息？

答：……

小结：在我们介绍店内房间设施的同时，需要突出自家优势及特点。在极少的交流时间之内给予客人房态信息反馈，同样我们在对待自来客时不能操之过急，顺其自然。所以我们在引领客人看房时，需要注意空房房型及看房路线。

7. 客人抵店、离店时的工作

客人抵店时、离店后，民宿前台需要做哪些工作？

核对订单电话号码，登记身份证，定制房卡或房门密码并告知客人。（根据当日空房率会有升级体验）

如房间已满，顾客需要等待时安抚顾客等，顾客需要换房间等。

协助管家满足顾客需求，前台也得有一定的当地出行常识。（如：周边路线，景点游玩，当地特色小吃，出行，租车，天气等咨询或帮助顾客预定。）

客人离店后需要前台通知保洁做清洁，管家确认查房。

小结：前台工作看似简单，但是在日常工作中需要我们工作细致。

三、民宿前台的应变能力

灵活多变的民宿，需要前台工作有着高超的交际沟通能力。前台在维持个人和客栈利益的同时，知道如何随时调整他们的办事方式和方法。作为民宿前台需要知道，人和人之间是有很大区别的，为了把工作做好，善于变通的人能够平衡不同的工作重点。

1. 熟知前台工作内容

往往民宿前台需要独立完成各项工作任务，但服务对象的环境往往是不同的。这就需要前台人员把握工作重点，这样才能灵活应变。借鉴别人的处理方法，“生搬硬套”往往会产生不良效果。

例：给顾客办理好入住手续，带领顾客到达相应房间。后续顾客反馈房间WiFi无法使用，到前台让你去房间做调整，但此时你的主要工作是在前台接待客人，不能擅自离岗，如若前台无人，此时有客人到店询问而无人接待则会造成客源流失。一旦已入住客人有合理要求，应该及时通知管家，让其帮忙协助去处理客房问题。

2. 明确自我“应变”范围

作为应变能力的一部分，前台人员要明确知道自确定的限额在哪里，知道自己在处理事件上的权限止于何处，这才能缩短向上级申请的时间，给客人有更好的询问体验，最终提供令客人满意的服务。

3. 合理处理事件，及时上报事件情况

在遇到顾客失去耐心或出现较为极端情绪时，首先是安抚客人，了解客人的情绪点在哪里。前台自身是否有处理不当的言语等，如顾客要求超出权限需要及时上报。冷静处理，通知店长等合理处理顾客需求。

【案例分析】当顾客在入住客房之后，觉得入住房间与想象中有所差距，对房间感到不满意，于是到前台理论，要求换房或者升级房型等条件；这时前台所需要做的，应先对顾客表达歉意，然后对顾客这样讲：“您可在茶室稍加歇息，我让管家先给您泡点茶，我这就去通知店长，让店长亲自来接待您，帮您处理问题。”这些话给顾客传达到的一个想法是他被尊重对待，也能表明咱们对于顾客的入住体验是极为重视的。当把顾客“捧高”之后，虚荣感得到满足，也有利于接下来店长与顾客的沟通。

4. 观察客人的情绪，提高沟通交流技巧

民宿客人情绪问题常在于三点：一是前台接待工作中言语用词不当；二是顾客到店等待时间过长或有被忽略感；三是客人自身情绪问题。

5. 总结经验，提升自我

民宿是非标准住宿，民宿客人来自各地，年龄、喜好等各不相同，提供有针对性的、个性化的和有亲切感的服务体验是民宿经营服务的特色之一。为此，民宿从业人员需要总结日常工作中与客人的接触的不同场景，总结经验，提升自我服务能力。

【教学互动】（5 ~ 10分钟）：

请同学根据给出的情景，现场模拟解决突发情况的工作技巧：

情景设置：1. 到店客人消极等待；2. 店内设施不能正常使用。

民宿老板的经营随意性、客人的多变性、地域情况的差异特殊性等，都会直接或间接地影响客人的入住体验，也需要我们前台在满足客人合理需求的同时，观察客人的心理情况即时生成应对策略。避免顾客投诉的可能，安抚客人并联系相关部门人员进行处理，从而挽回客人对客栈的良好印象，稳定巩固店内的常客。

【案例分析】顾客在入住房间之后，到了第二天出门游玩，经过前台时，需向顾客礼貌问好，并随口问一下对于房间的入住体验感觉如何，顾客若表示并无问题，体验很好时，应礼貌性回复有任何问题请随时联系我们。如若顾客反馈房间有小瑕疵，比如淋浴花洒喷头有点漏水，这时前台应及时记录房间问题并通知管家去做维修处理，对顾客表达歉意且表示马上处理。等顾客回来民宿之后及时对客人反馈情况已处理完毕，同时也可赠送一点伴手礼，比如鲜花饼，手工黑糖等，如若客人有饮茶的习惯，也会送一点茶叶。用服务态度去博得顾客对民宿的好感度，使其对于小瑕疵的问题不会放在心上。

四、民宿前台的SOP程序

相对于酒店来讲，因为民宿的特色和差异，属非标准化的住宿产品，我们针对非标准化产品希望提供标准化运营，这个标准化运营就涉及前台、保洁以及安全措施等等，这些是可复制的、是标准化的服务与运营。综上所述，民宿前台的基本工作虽然看似繁杂，但确实有规可寻。

（一）前台常用SOP程序

1. 总台电话订房的操作程序

（1）接听电话：铃响三声内，接起电话，并使用规范用语。向客人问好，态度亲切，语言规范。

（2）得知订房：向客人表示感谢，询问订房人姓名，可直接以姓称呼。“先生，您好，请问贵姓？”根据预订情况，详细地向来电者介绍当日酒店的可预订房型。

（3）接受订房：询问住客的抵离日期，所需房型及姓名。

细则：

①“××先生，您好，请问要预订哪一天的房间，打算住几天？”

②“我们有高级客房、豪华客房、套房等，请问要哪一种？”确认并报价。

③“请问住客姓名？”

④“××先生，高级客房为RMB×××元，豪华小套房为RMB×××元，并包括两份早餐/一天。”

（4）准确记录订房人的信息，为客人提供周全的订房服务。竭力推荐酒店的高价房，将房间的优势介绍给订房人。

（5）确认最重要的订房信息，根据酒店最新房价准确报价，引导客人下单（OTA或现金）

（6）客人下单后确认其他事项：询问客人的到店时间，航班号/车次，询问是否需要接送服务。询问客人的订房联系电话及联系人，体现服务的全面性。

（7）再次确认及向客人表示欢迎：再次重复一遍预订的内容。“谢谢您的订房，我们期待着为您服务。”保证订房的完整性、正确性，并在房态系统录入订单。

（8）在工作群发送客人信息并安排管家助理联系客人并建立服务群，服务群建立发送前台问候语。

（9）随时保证电脑数据的准确性。

（10）切实做好各部门之间的合作、协调工作。

在接待过程中，要学会精炼语言。给客人准确的回复，同时也能提高自身的工作效率。

3. 自来客、散客入住操作程序

（1）当看见客人向总台走来，你应面带微笑，目光注视对方。

（2）在客人接近柜台的3米左右处向客人问好，早上好/下午好/晚上好，先生/小姐。”　（如果知道客人姓名，请称呼客人姓名）

（3）得知客人需入住酒店，请说：“欢迎入住无华艺宿。”

（4）报价，向客人说明酒店的房间类型，由客人选择。供客人选择的房型要确实有空房。

（5）确认客人所需的房间类型、价格、住店日期。

（6）帮助客人登记临时客人住宿表。“请出示您的证件，我来帮您登记。”当客人出示证件后，要说“谢谢”。

（7）外宾：核对护照上的照片和客人是否符合。 核对护照上的客人签字和登记单上的签字是否一致。核对护照有效期，内宾：核对身份证上的照片和客人是否符合核对身份证上的有效期，将身份证放入电脑扫描仪中进行扫描。

（8）请保证登记单上资料的正确性。

（9）请将证件还给客人并让客人在入住登记单上签字。“谢谢!您的证件请收好！请您核对一下登记单上各个项目是否正确，如果没问题的话，请您在这边签字。”并用标准手势指出签名处。

（10）问清客人的付款方式，并开出相应的单据。同行人的房间一起付账时，需由付款人在登记单上签字。

（11）知道客人姓名后请称呼姓名。但不能使用次数太多。

（12）向客人确认早餐人数、地点、时间。与客人确认离店日期、房价，请客人在房卡上签字确认。

（13）向客人表示感谢，希望客人居住愉快，并将管家介绍给客人。将钥匙和房卡交给管家，请管家带领客人进房。请注意为了保证客人的安全，不要在大庭广众之下，大声说出客人的房号。“××先生，您的房号是××××，在××楼，这是我们的管家，他会带您去房间的，祝您居住愉快。”

（14）在电脑中做CHECK IN，并报管家部，记下客人姓名，写在登记单上，并在电脑中更改客人的资料，在电脑扫描仪中做好登记，将客人的登记单、押金凭证订在一起，待主管或领班复核后转移到前台收款。

3. 有预订客人办理入住操作程序

（1）主动迎上欢迎客人的到来。注意：若事先知道客人的姓名应称呼客人姓名。若正在为其他客人服务时，可示意其稍等。

（2）确认客人是否需要办理入住手续或需其他服务。

（3）根据客人的姓名找出客人登记单和预订资料。

（4）简要复述客人的订房种类、住店期限、付费标准及方式等。

（5）帮助客人填写住宿登记单，查验证件并与所登记项目核对。完成登记单，同时完成房卡的填写手续。

（6）操作电脑，将VC房输入，使客人信息处于住店状态。（注：若客人所订房间尚未整理好，应向客人致歉；管家部协助客房服务员尽快整理。）

（7）将预计能够进房时间向客人说清楚；若发觉客人身材特别高大、残疾等应通知有关部门做好针对性服务，并在登记单和电脑中注明。

（8）具体写明宾客姓名、称呼、房号、房价、抵离日期及经办人签名，若房费中包含其他费用（如餐费、交通费）等应向客人具体说明，确认住店人数并附上早餐券，告知用餐地点和用餐时间。

（9）费用自理的，除了符合免收预付款范围的客人均按预计住店天数收取定金。

（10）由公司付费的客人，根据接待文件所列付费项目决定是否收取定金。

4. 客人退房操作程序

（1）向客人问好：看见客人走近，面带微笑，目光注视对方。礼貌用语迎接客人。

（2）得知客人退房：用温和、友好、热情的语调向客人问好，问清客人退房具体房间号，收回房卡，并请客人出示现金押款单。

（3）立即用电话通知房务中心，并将房号重复一遍，以免报错。

（4）如确认有消费后，再次跟客人确认，在确认查房结果后，需问清客人用现金支付还是信用卡结账。

（5）结账、确认房费、酒店消费账，在一切办理妥当后，将剩余的钱和发票用收银袋装好，交给客人，并礼貌地祝客人旅途愉快，欢迎下次再次光临。

SOP程序我们可以通过自学进行记忆，但民宿前台是一个综合性、灵活性很强的工作岗位，同样也是一家店的形象所在。需要对自身的谈吐、修养、业务能力不断地提升，因为民宿前台肩负的责任同样重大。

学习思考题

1. 简述民宿前台的日常工作。

2. 简述民宿前台的SOP程序。

3. 小组学习，讨论如何成为一名优秀的民宿前台，需要具备哪些能力？形成讨论稿，在班级交流。

项目七　民 宿 管 家

【教学目标】通过项目七学习，学生能认知民宿管家的工作内容和基本的工作方法，具备民宿管家的必备职业素养。

【教学内容】民宿管家；民宿管家的职责；民宿管家的工作流程；民宿管家必备的职业素养。

【教学方式】建议教师结合教材，运用讲授法、案例分析法、情景模拟法、翻转教学法等进行教学。

【教学课时】建议教学4课时。

一、民宿管家

（一）管家

管家的起源在于法国，只是老派的英国宫廷更加讲究礼仪、细节，将管家的职业理念和职责范围按照宫廷礼仪进行了严格的规范，成为行业标准，英式管家也成为家政服务的经典，私人管家由此而来。英国管家带给用户的应该是一种有品位的生活状态。在中国，当人们越来越富足的时候，管家服务已经在高档社区悄然现身，开始为更多的家庭服务。

（二）民宿管家

中国的民宿管家是负责处理客人需求、预约、约定、问题、投诉，处理和协调客人所提出的各项服务；关注客人入住期间整个过程的各项细节，确保客人满意而归的一批长期从事民宿服务行业、深知服务之道、以绅士和淑女的姿态为绅士和淑女服务的民宿业的杰出代表。

（三）民宿管家的作用

民宿管家的作用可以理解为一站式服务：从我开始到我结束，这就是一站式服务的精神，通俗点说就是你能为客人解决所有的问题，客人只要找到你，就一切问题都解决了。民宿管家是民宿与传统酒店的区别，也是民宿核心的重要组成部分。

1. 民宿所处地理位置，历史人文都是相对比较特殊。管家必须了解当地人文历史相对特殊，并且民宿设计风格、物品设施、房间配备有别于传统酒店，所以需要管家起衔接作用。

2. 管家除了要熟识当地的风土人情、著名景点、自然气候外，和客人接触后，需要根据客人的地域，宗教文化信仰，年龄、兴趣爱好，来制定更适合客人的游玩方式及游玩路线。

二、民宿管家的职责

（一）基本素质三遵守

1. 遵守国家法律法规、治安秩序，尊重在地文化历史；
2. 遵守社会公德，讲究职业道德、礼貌待人、文明服务；
3. 遵守国家及当地旅游规章制度。

（二）服务意识四主动

1. 主动联系客人，接单后半小时内确认客人当次行程，是否需要接机、接车；
2. 主动了解客人食宿习惯、宗教信仰，告知客人当地气象、交通路线等；
3. 主动帮助客人提行李、办理入住，给予客人旅游路线、特色美食、著名景点咨询服务；
4. 主动观察客人身心健康状况，即时给予帮助、疏导等。

（三）巡检与复查四负责

1. 负责分管区域及公共区域的清洁卫生检查，并对公共设施设备的正常运行实施检查；
2. 负责客人抵店前、店中、离店后所有服务及咨询；
3. 负责与客人需求的协调、沟通、及时满足客人需求；
4. 负责客栈日常维护，发现问题及时沟通、及时上报、及时处理。

（四）标准与应变五知道

1. 知道房间所有床品、洗漱用品设施品牌；

2. 知道房间所有物品摆放位置及数量；

3. 知道房间内设施使用方法及维护方法；

4. 知道智能可控使用方法及调节方法；

5. 知道突发事件，应急处理方法及程序。

管家的工作是综合性非常强的一个岗位，同时也需要有非常强的细节处理能力和应变能力。在与客人日常交流过程中，会让你有意想不到的收获。

【无华民宿服务故事】——《金沙江畔音乐会》

（图为客人参与无华民宿团建活动）

无华民宿团队会不定期地组织一些团建活动。一次，客人通过和我们管家的交流沟通中得知我们将组织烧烤、音乐party等活动。大概有七八位客人愿意自费加入我们当时的团建活动中来。那次团建活动的客人和我们整个客栈的管家、各个部门的员工以及管理人员一起组织了团建活动。我们租了一辆三十几座的大巴车，驱车来到金沙江边，同时我们还邀请了丽江当地一些著名的酒吧歌手以及吉他手共同参与其中，搞了一次烧烤party。大家一起动手料理食材、交流烹饪心得，在青山绿水中喝着酒，吃着烧烤，聊着天，一起唱着当红歌曲非常的惬意。

通过这次团建活动，我们也了解到很多客人会有这样的需求。那么我们现在也会根据当地气候、民俗节日等，经常性地组织这种活动；同时也建立了与客人沟通互动的新平台。到目前为止，所有参与过我们这些特色活动的客人，都已经成为我们无华的忠实粉丝。现在不乏部分客人会对这些特色活动慕名而来。 而客人每年来丽江度假，不仅仅是因为丽江的夏天最高温度不会超过二十七八度，还因为有无华，有我们的管家朋友细致体贴的服务。

通过上述这则小故事，我们可以得出以下结论。在管家与客人的沟通交流中，我们开发了一个新的交流平台，一个新的特色项目，让更多的客人慕名而来，有针对性地选择活动并参与其中，这无形中又增加了我们民宿酒店的品牌号召力和影响力。

（图为顾客参与无华艺宿的节假日活动）

三、民宿管家的工作流程

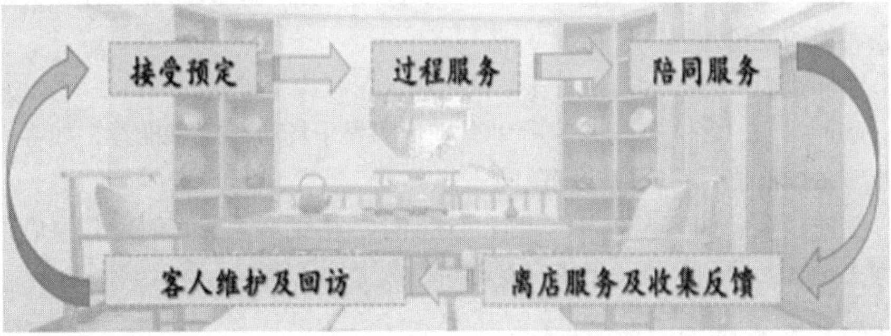

（图为无华民宿管家的工作流程图）

管家工作流程包括实际工作过程中的工作环节、步骤和程序。为什么我们需要按照工作流程开展管家工作呢？这不仅仅能提升客人的体验，能让管家在工作中更加注重细节、更有条理性。

（一）抵店前服务

抵店前的工作是民宿管家开展服务客人的第一项工作。

1. 联系客人，确认航班，是否需要接机安排。

2. 安排客房，准备好适合客人的个性化需求的房间布置及物品，如有小孩，提前在客房准备玩具、儿童图书等。

（二）抵店时服务

1. 提行李。（主动帮助客人提行李）观察客人是否有需求反馈店长。管家接到客人，咨询到丽江是否有高原反应等不适，如有不适应及时反馈给店长。如：发现客人有感冒，反馈给店长，店长通知厨房准备好姜汤。）

2. 免入住，功能简介。客人到店后马上带客人到房间休息，跟客人简单介绍房间的硬件使用功能。

3. 帮客人办理入住。介绍完之后，管家拿好客人身份证，到前台帮客人办理入住，交还身份证。

4. 送水果。办理好入住后，管家拿上刚洗好的迎客水果将身份证与水果一同送入客人房间。

（三）外出时服务

1. 陪同旅游。如客人需要管家陪同到景点观光，管家全程陪同。

2. 陪同就餐。客人要求管家陪同就餐，管家应咨询客人想品尝什么，带客人去相应的就餐地点。

3. 陪同逛街。如客人需要管家陪同逛街，管家应全程陪同并讲解。

4. 陪同娱乐。客人咨询管家哪里有好玩的娱乐场所，管家推荐，如客人需要管家陪同前往，管家应全程陪同。

5. 随时接客。如客人在自己出门，迷路了，电话联系管家时，管家应第一时间去接客人回到客栈。无华有专车司机负责接送客人。

（四）离店服务

1. 接送服务。如客人需要接机、接站，管家需提前联系好司机，前去接待；如客人需要出门，需要搭车，我们可联系专车司机来接送客人。

【无华民宿服务故事】——《马来西亚客人求婚之旅》

那是在2016年的11月份，有一个朋友推荐了一批马来西亚客人。他们一行8人都是好朋友，男主为了追求一个中国河南的女孩儿，相约一起来到丽江。我当时的职位是丽江总店的一个店长，但是这批客人的行程要求比较特殊，所以是由我自己亲自接待。

因为他们来中国之前就对云南的丽江非常向往，而且女孩儿也对丽江非常的向往，所以他们把求婚仪式的地点定在了丽江。了解到客人的行程信息和需求之后，我们与即将到店的客人做了大量的前期沟通。包括求婚仪式的细节、旅游路线和游玩路线，都做了大量的规划。我带领着当时下属的一个管家团队，一起做了两天的预案。从客人房间的布置、客栈的整体布置，所需要的物品清单等，都做了精心的准备。

当时从店内到房间大概用了两千多枝玫瑰、几百个气球，团队中每位管家的站位、求婚仪式时的所有细节都进行了详尽的安排，并且我们还进行了一次求婚仪式的预演。我们根据男主所提供的素材，为了更能感动这个女主角精心准备了一个小视屏。素材是从男主和女主他们认识的第一天开始，在男主追求期间他们俩所说过的话、一起旅游出行的照片、认识之后发生的愉快和不愉快的点点滴滴的相恋过程，我们都通过小视屏进行了精心的整合，准备在求婚仪式中呈现在女主眼前。

按照计划他们一行8人包括女主，当天上午被我们安排去了丽江非常著名的有人文特色的景区——拉市海。茶马古道，自然风光，非常美丽。因为这次是求婚之旅，当天去拉市海的过程中我结合自己在丽江所见所学，对丽江的少数民族人文历史，以及东巴文字进行介绍时，特别强调了一些爱情故事。

在我外出带他们游玩儿的时候，我们团队的所有管家及工作人员都按照之前的预案进度进行着，包括所需物品的采购如：蛋糕、酒水等，也包括音乐、视屏等设备的调试，都有条不紊地进行着。晚上回程的时候，我告诉大家会有一个惊喜。我让管家告诉客人，今天因为设备故障停电，所以店内灯光都关了，然后带着大家回客栈之后进入大厅……

求婚仪式在我们工作人员精心准备，以及马来西亚男主朋友的全力配合之下，取得了非常圆满的结局。这对新人包括同行的朋友对我们所准备的过程都是非常认可和感谢的。求婚仪式成功之后，后续行程包括去泸沽湖、玉龙雪山，我们都是同车同行一起游玩。但是我们每天面对的都是这对新人各种撒狗粮。

在最后一天临行之际，我自费为大家准备了一桌子丰盛的晚餐。而更多的是把客人当成朋友、当成家人，有朋自远方来，不亦乐乎。

两年左右的时间，包括他的结婚纪念日，求婚纪念日，我们都牢牢记在心里。我们也会在每个节日，送上最诚挚的问候。经常保持联系以及沟通。这批马来西亚客人一行8人。回去以后为我们推荐了很多他们身边的马来西亚朋友，只要身边亲友有意向来丽江游玩的，都会推荐到我们无华。包括他们自己再来中国旅游的时候，也会第一时间向我咨询国内旅游景点。所以我们管家对客人日常所做的每一件事，帮助他们做的每一件事，每一次有趣的聊天内容客人都会铭记在心，这才是作为管家的最终回报。

（分享人无华民宿南区负责人　包国兴）

四、民宿管家必备的职业素养

职业素养一般包含了职业兴趣、职业道德、职业技能、职业目标。而职业素养中不怕起点低，就怕境界低。拿得起责任，放得下架子。

（一）热爱

发自内心的愿意投身其中，热爱民宿行业。

热爱使你全身心地投入工作当中，正因为你热爱一个行业、喜欢一个行业，你在这个行业才能做到最好，做到极致。正因为热爱民宿行业，民宿管家才能发自内心的愿意投身其中，在这个行业做到极致，做到最好。民宿在国内现在来说相对是一个特殊的行业，民宿的工作人员也来自五湖四海。但正因为热爱，大家都把所工作、所在的民宿当成一个家，把每个客人、同事当成家庭成员。热爱也是大家工作的动力，正因为热爱，我们才能把工作中的细节做到尽善尽美。

（二）用心

根据不同客人需求，用细节给客人带来更好的服务体验。

用心可以理解为细节，我们会根据每个客人的不同需求来做出最适合的判断，以及运用最好的方式来帮助客人解决各种问题。用心也是每个人在同岗位竞争时，提升自我的最好态度。

（三）真诚

真诚能让客人有更好的归属感，带动同事间的工作热情。

真诚在民宿行业中所体现的重要性，就是用真诚的态度去对待每一位客人以及每一位同事。那么你会得到更多客人的尊重以及其他同事对你工作的认可。

（四）自律

自律是提升岗位的必要条件，也是提高工作效率最有效的方法。

自律概括为自我约束，以及工作的主动性。把自律当成一种好的习惯，每当你为一个目标努力的时候，你就想着哪些事有利于它，哪些事不利于它。

管家的工作是比较灵活的，在工作的空余时间更多地培养自己学，通过实时新闻、书籍、专业知识、兴趣爱好等提升自己的综合能力，这也是对自己自身业务能力的一种提高。同时，管家在服务过程当中一定不能急于求成，时刻保持平静的心态处理客人问题。时刻谨记服务意识是管家服务的第一要素，一个优秀的管家每时每刻都要具有良好的职业素养，提供优质的服务体验。

学习思考题

1. 简述民宿管家及民宿管家的职责。
2. 简述民宿管家的工作内容和基本的工作方法。
3. 小组讨论如何成为一名具有优秀职业素养的民宿管家。

项目八　民宿营销

【教学目的】通过项目八学习，学生能认知民宿营销，具备分析民宿营销环境，运用OTA等营销途径实施营销行动的能力。

【教学内容】民宿营销的途径——客房主要售卖渠道；民宿营销的特点——各渠道的优劣势、OTA渠道的认识；民宿营销的技巧——平台选择策略；民宿营销的技巧——如何获得更多客流量。

【教学方式】建议教师结合教材，运用体验教学法、讲授法、案例分析法、翻转教学法等进行教学。

【教学课时】建议教学4课时。

一、民宿营销的途径——客房主要售卖渠道

（一）课前导入（师生交流活动）

教师问：最近一次出去住酒店或者民宿是什么时候？

教师问：请问大家通过什么方式入住酒店或民宿的？

（预计学生回答：携程，飞猪，电话，搜索查询到店直接订房等。）

教师通过学生现场回答来小结综述：

◎ 有的同学会选择直接去入住，通过酒店预定平台搜索，如携程、美团、飞猪等平台。

◎ 百度等搜索引擎进行搜索，如厦门有哪些好的住宿这种模糊搜索，然后查询预定。

◎ 通过微博、朋友圈、知乎、抖音、小红书等内容平台搜索。

◎ 旅行攻略社区寻找，如去马蜂窝网站，阅读旅游攻略，找出自己喜欢的店。

◎ 翻出一些以前在自媒体平台上看到的文章，然后再在OTA平台上搜索。

教师问：刚刚从同学们的回答中，大部分同学用得最多的预定方式是通过平台预定，现在请同学们再打开手机看看，你们下载了哪些住宿预定

平台呢?

（学生体验活动——生：飞猪，携程，美团等）

教师问：通过以上大家的讨论，我们可以了解到，如今我们出行常用的App平台有携程、去哪儿、飞猪等，这些属于OTA渠道，（其他渠道根据学生回答来做小结），除了这些我们还可以通过自媒体渠道、直销渠道、会议渠道、协议渠道、团队渠道来预订房间，由此我们可以知道，客房的主要售卖渠道是OTA渠道、自媒体渠道、直销渠道、会议渠道、协议渠道、团队渠道。

（二）民宿的售卖渠道

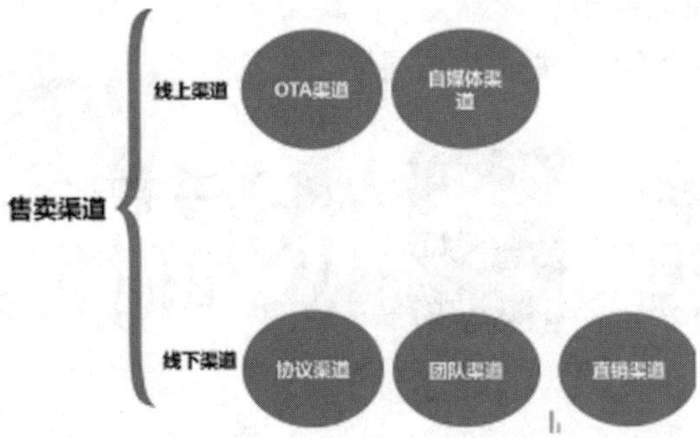

当前，民宿售卖的渠道主要有OTA、自媒体渠道、直销渠道、会议渠道、协议渠道、团队渠道等。

OTA，全称为Online Travel Agency，中文译为“在线旅行社”，是旅游电子商务行业的专业词语。指“旅游消费者通过网络向旅游服务提供商预定旅游产品或服务，并通过网上支付或者线下付费，即各旅游主体可以通过网络进行产品营销或产品销售”。

二、民宿营销各渠道的优劣势

（一）民宿营销各渠道优劣分析

1.OTA：每一个订单都需要获客成本，这些成本包括显性成本和隐性成本，显性成本指看得见的成本，如常见的佣金成本，每一个订单需要支付给平台3%～15%不等的佣金。OTA各平台优势是有很多的客户群体。

2.自媒体：自媒体转化而来的订单，表面上不需要支付额外费用，但是订单背后需要自媒体推广费用，获取一个订单的成本甚至要比OTA高很多。目前，自媒体渠道更多是一种民宿品牌传播渠道，而不是民宿一个好的获客渠道，转化率一般较低且不持久。

3.直销、散会议、协议、团队等渠道，获取客源却很难，想要在直销渠道上获取订单，需要投入巨大的营销成本来引流，对于体量小的客栈民宿显然难以承担，但是平常客源一个有益的补充。

总之，从目前的民宿营销市场形势分析，从OTA获得渠道模式最优，付出的成本相对较小，效果更高。

（二）民宿营销OTA渠道

1. 国内OTA常用平台

◆ 国内OTA：携程、去哪儿、同程和艺龙

◆ 国内OTA：美团、大众点评

◆ 国内OTA：飞猪

◆ 国内OTA：其他（驴妈妈、途牛、青芒果）

2. 国外OTA常用平台

◆ Expedia 、priceline、booking、agoda、Airbnb

3.民宿营销常用的平台

◎ 短租民宿平台：Airbnb、榛果民宿、途家、蚂蚁短租、小猪短租等；

◎ 直销平台：官网、微信、公众号等；

◎ 自媒体平台：璞缇客、几何民宿等。

4. 民宿营销平台特种及定位分析

（1）携程：中国领先服务预定服务中心，也是中国目前旅游市场份额最大的一家，是市场的领导者。在酒店预定方面，携程服务中高端星级酒店，在用户定位上，定位于中高端商旅客户。

（2）去哪儿：去哪儿服务中低端的酒店、客栈民宿，用户群体以年轻群体为主，性价比比较高。

（3）同程艺龙：同程艺龙最大的优势在于微信钱包上的两个流量端口，“火车票机票”端口和“酒店”端口合并之后，二者将两个入口打通，实现双方资源互通，“火车票”入口里面增加酒店版块，将艺龙网酒店资源置入。

（4）美团、大众点评：美团给用户带来的的印象是便宜、性价比高、年轻群体、本地用户用得比较多。从团购开始做住宿业务，2015—2016年从团购向预定转型，中低端性价比高的酒店销量不错，近两年向高星酒店市场进军，并取得了不错的成绩，2018年3月份，美团间夜量首次超越携程系全体间夜量。

（5）飞猪：2016年由阿里去阿升级全新品牌飞猪，是一站式旅行服务平台，依托阿里系巨大流量，分发渠道能力强，在淘宝、天猫、支付宝、高德地图等平台都有流量入口。

近两年，出现一些抛弃OTA论调，如酒店已经不需要和OTA合作了，有但占比总体少，这类店通常需要有自身圈层以及品牌影响力，有自己的完整会议体系等等，但是这些需要多年品牌沉淀的客流资源，需要大量的营销推广成本，体量小的民宿并不是随便一家都可以做到的。

三、民宿营销平台的选择策略

（一）选择营销渠道的五个结构

在渠道过程运营中，要注意各个渠道客源合理分配，一个渠道客源占比太大或者太少，都不是一个健康的结构。

1. 渠道获客成本考虑：产生一个订单需要多少成本？

2. 渠道维护管理成本考虑：花费在维护渠道上需要多少时间？难易程度如何？

3. 渠道合作难度考虑：有产品就能合作，还是有资源才能获取，比如一些旅行社，需要这方面资源才能合作。

4. 渠道获客能力考虑：渠道能够带来多少客流？是持续性能够获取客流，还是间断性获取，还是随机获取。

5. 渠道客源质量考虑：渠道客源质量如何？能否带来额外价值，如复购率如何等？

（二）民宿线上营销渠道策略

一家店的线上渠道策略主要有三种：全渠道运营、精选渠道精细化运营、携程系独家运营。每一种运营思维都利弊共存，在渠道选择策略上，要根据自家店的具体情况以及运营的不同阶段来选取。

1. 全渠道运营优劣势

多平台运营优势：

酒店能够在多个平台上展示，理论上来说，能够在网络上获得最大的曝光，同时每个平台订单量形成互相补充，不会对单独某一个平台过度依赖，从而不会被平台绑架。

多平台运营劣势：

A平台维护成本高，房态、价格、点评问答维护、财务核算等信息都需要花时间、花精力去维护。尤其在旺季流量巨大的情况下，各个平台上几乎都会产生新的订单，在这个时候，如果某个平台的房态没有及时关闭，极容易出现超订情况，给店家带来麻烦。

B受限于运营人员经理及资源有限，尤其是对于一些体量较小的客栈民宿公寓，工作人员数量有限，不能保证把每个平台都维护管理好，好多平台虽然挂着，但是已经好久没去维护，当然这个劣势只是针对体量小、人员少的店。对于有自己独立的渠道运营部门酒店来说，基本不存在这个问题。其次，多平台运营就会造成资源分散，不利于把平台做好。

2. 精细化渠道与精细化运营

选择3～5个平台运营，对于体量小的民宿，可以集中精力去做好。

3. 独家渠道合作优劣势

目前的OTA市场来讲只有携程推出了独家渠道合作模式。

（1）独家优势

1）排名优势：如果搜索一个目的地酒店，排在前面的全部是和平台深度合作的店，以携程为例，默认搜索排名出现的酒店，全部是挂牌（特牌、金牌、银牌）酒店，之后才是未挂牌酒店，挂牌合作无疑能够使酒店排名得到一个显著提升，排名上去了，酒店曝光量自然变大，预定转化率肯定有所提升。

2）标识优势：获得挂牌标识，与平台处于深度合作关系，有平台作为支撑，容易让用户产生信任感，能够提升预定转化率。

3）曝光优势：宣传渠道多样性，获得比普通酒店更多的曝光机会。

4）享有更多的合作机会，比如其他渠道的分销。

5）数据分享方面，营销活动后的营销报告、市场动态及数据分享。

对于酒店本身而言，有更多的精力去维护，同时能够把更多的资源倾斜到平台。

（2）独家劣势

独家渠道合作的劣势也很明显，独家渠道合作就意味受限于合作方，对合作平台太过依赖，对一家店长久发展不利，假如某一天停止合作，会造成渠道暂停性瘫痪，同时，独家合作也损失了其他渠道曝光的机会，尤其在淡季，这个弊端会被放大。

（三）无华民宿营销平台的选择策略

无华民宿在平台的选择会根据市场环境、平台的特点、房间数、地理位置等因素选择3～5个平台运营。

1. 无华艺宿丽江旗舰店营销平台策略

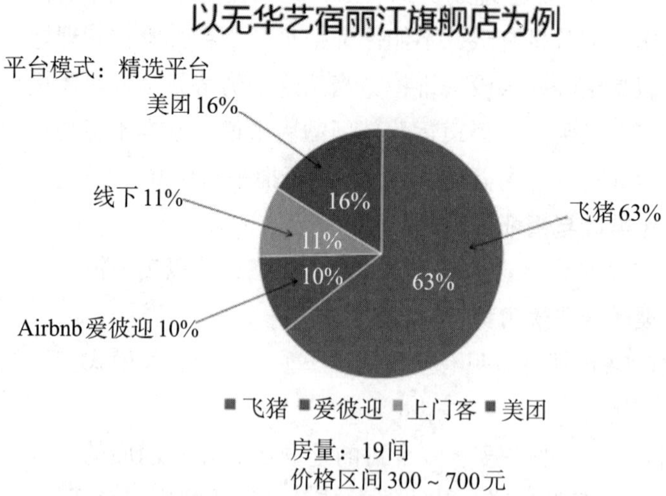

（数据来自无华旗舰店渠道报表）

无华艺宿丽江旗舰店：飞猪为主，飞猪占50%，其他平台占30%～40%。(数据来源于无华旗舰店渠道报表)

就目前OTA市场占比来看，携程系的市场占有率最高，旗舰店为什么没有选择携程来做主要渠道呢？丽江是地级市拥有五星级酒店最多的一个地方，除了这些，大大小小的客栈民宿几千家，在这样竞争的环境下，如果无华再去跟他们一起争，这样会耗费大量营销成本，俗话说宁做鸡头不做凤尾，其他平台虽然流量没有携程大，但是我们可以在别的平台获得更好的资源，让我们得到好的展示，从而把房间卖出去。从PMS数据上看到虽然有些频道我们没有主做，但是会依然上线，原因是增加曝光度，并且有的时候还是会来些订单。

2. 大理禅茶——宿店营销平台策略

飞猪为主，飞猪占60%、其他平台占百分之30%～40%。(数据来源无华大理店渠道报表)

大理店为什么又选择了携程呢？如今大理在政治环境，很多民宿证件不齐全也暂停办理了，平台需要证件齐全才能上线，我们这家店所有证件齐全，这样在携程也没有那么多竞争对手，可以从渠道报表看到，大理这家店的订单来自携程和飞猪占大部分。

四、民宿营销——如何获得更多客流量

(一) 学生体验活动(时间5～10分钟)

教师问：选择好平台后，我们如何让客人在这些平台中选择我们呢？

请同学们拿出手机点开你常用的预定平台App。我们把地址选择在丽江，你想选择哪个店入住，为什么选择？

教师：邀请几位同学分享活动结果。

教师总结学生分享：我们在选择民宿的时候，会将图片、位置、点评等信息作为自己的参考。除了这些，还有一些其他信息也会被我们作为参考信息。

(二) 民宿如何获得更多的客流量

定房转化率受酒店详情页信息、预定环节以及竞争对手等多种因素影响。平台展示所需信息包含图片信息、文字信息、展示风格等，具体涉及图

片信息的精美度、点评信息（数量、分数、质量）、问答信息、位置信息、房型信息，简介信息、订单支付环节、取消退改政策、位置排名等。（教学小提示：所有案例展示都让学生在手机上实际操作。）

1. 图片信息

图片重要性不言而喻，一个客人是否预定，很大程度上是由图片美感驱使的。就像有的一见钟情钟的不是情，是颜值。若图片数量少，则质量就差。

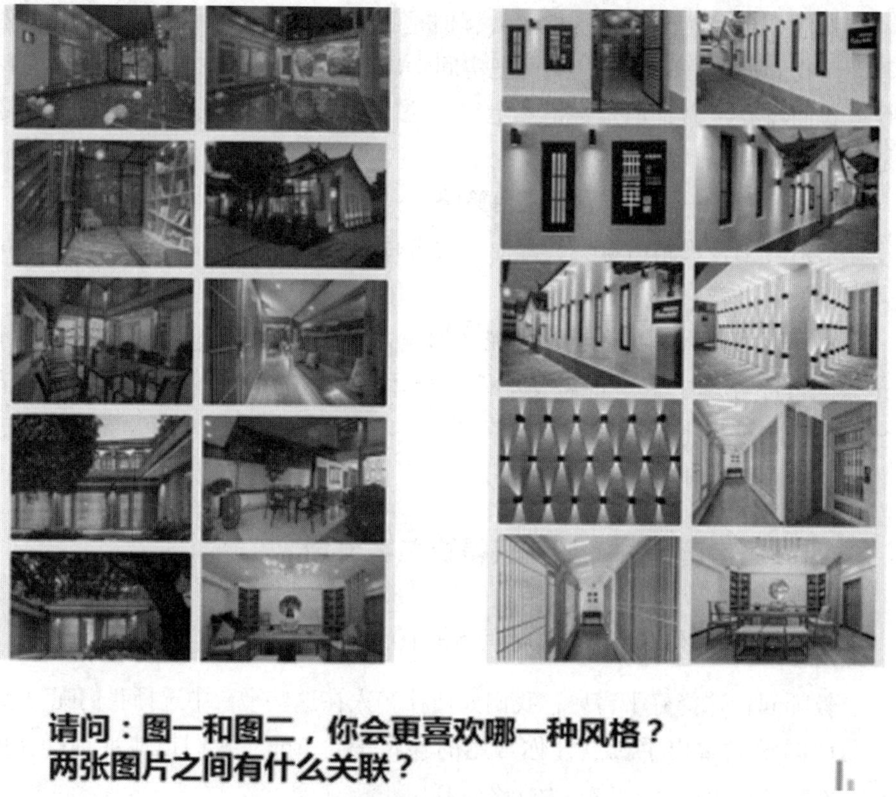

（图片资料来自无华民宿网络）

平台操作中图片质量的几个要素：图片的清晰度、图片的拍摄视角、图片展示方式。

图片展示方式原则：筛选图片，合理使用。

（1）图片首图：新颖、别致，有美感，能迅速吸引浏览者，顾客粘连性强。

（图片资料来自无华艺宿丽江旗舰店页面）

（2）图片多方位展示（酒店门厅全景、房间全景、特色位置、房间风格）

（图为无华民宿公共区域展示）

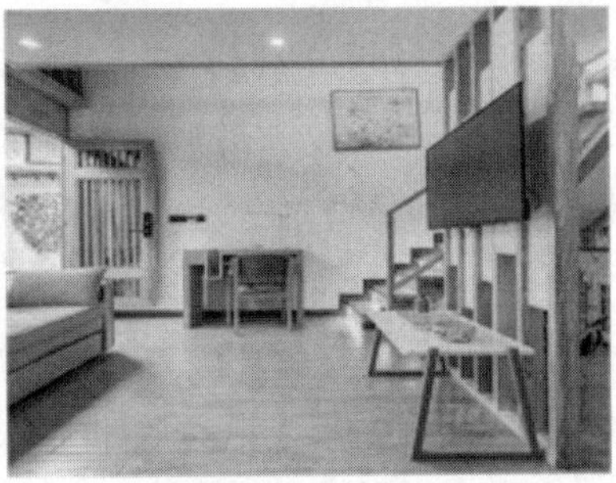

（图为无华民宿跃层套房一楼）

（图为无华民宿跃层套房卫生间）

（图为无华民宿跃层套房二楼卧室）

（图为无华民宿外观展示，凸显建筑风格）

（图为无华民宿外观夜景展示，营造温馨氛围）

（3）图片细节展示

（图为无华民宿网页细节展示图）

2. 点评信息

点评信息涉及点评分数、点评数量、点评质量。民宿营销要及时回复客人点评及问答信息。点评分数低、差评多、点评数量太少，营销效果就差。

（无华民宿点评分数，资料来自OTA平台）

(无华民宿点评数量图，资料来自OTA平台)

(点评质量，资料来自OTA平台)

3. 问答信息

要及时回复客人点评及问答信息。问答信息除去回答客户的相关问题，也是展示给浏览用户的一个平台，通过问答版块，潜在浏览用户更深入了解一家店的情况。

（无华民宿点评信息回答，资料来自OTA平台）

4.位置信息

在地图上标注的信息一定要精确，让客人根据导航能够精准找到。除此之外，位置商圈定位会帮助我们锁定很多客户。

（无华艺宿丽江旗舰店网络搜索地址导航图）

5. **房型信息**

（房型名字、房型首图、房型价格、房型数量、订单类型、房型详情），房型名称是否直观展示房型特点，是否吸引客户，以及价格的定位是否让客人觉得符合事实。房型价格信息复杂、混乱。最常见的就是出现多个供应商以及多个订单类型，让客人出现选择困难的情况。

（图为无华艺宿丽江旗舰店房型，资料来自OTA平台）

6. **简介信息**

民宿的简介能够让客人初步了解到民宿的信息，简介文字少，内容没有吸引力。

7. **竞争对手信息**

目前很多OTA平台，在一家店的详情页最下方，会匹配展示同区域的竞争对手店，这个时候，客人很可能跳转到其他家，最终会拿两家店进行对比选择。要能够吸引到客人，客人才能跳出竞争对手的详情页面，进入你的详情页面下单。最低价格需要比竞争对手低，哪怕是几块钱。设置增值服务，一定要更懂用户，知道客人的需求点。例：是否有早餐、客人住店送水果，其实每一家都可以做到，但是真正懂得客人需求，能够提供相匹配的增值服务，就不是每一家都能做到的了。

8. **订单支付环节**

虽然目前付费习惯发生了很大改变，但是还是有部分客人喜欢到店付款，如订单需要担保或者只能线上支付，部分客人很可能会选择放弃。

9. **取消退改政策**

取消退改政策也是影响跳出率的一个重要因素，尤其是不可取消政策，用户一旦预定无法取消。A：不可取消B：限时取消（入住当时18：00前、入住前一天、其他）C：免费取消。从酒店设置“不可取消”政策来看，主要从收益角度考虑，取消量影响着酒店收益，但是存在着以下风险：差评风险，客人经过与酒店、平台沟通无效后，愤怒给酒店一个网络差评，给酒店造成后续影响。

10. **排名位置**

OTA平台上的显示排名，在营销因素中排名位置是所有因素中最重要的。一般，顾客在OTA平台上翻到10～30页以后就不想再浏览，所以在OTA上的显示排名也是客人预订下单的重要因素。

影响排名的因素：一家酒店排名越高，就意味着曝光量越多，能够被更多客人看到，从而产生的收益越多。二八定律对于平台预定同样适用，大约80%的客人预订了平台上20%的店，那么这20%的店很直观的标识就是排名靠前的店。

影响搜索排序因素：

（1）收益水平（订单量、佣金值、付费）。我们这里讲的收益包含两方面：酒店收益就是酒店在一段时间内的产出，简单来说就是在一段时间内卖出了多少间客房，总营收多少，酒店收益越多，贡献给平台的收益就越多。佣金值的变动，影响着平台的收益平台收益越多，自然能够让酒店排名靠前。

（2）合作程度：一家酒店和某个平台关系越紧密．越有利于排名提升。一般情况下，合作关系包括独家合作、买房包房政策、战略投资合作、品牌合作等这几种形式。

（3）运营综合分数（携程：服务质量分，美团：HOS指数，飞猪：酒店综合指数）。

（4）活动参与度营销、促销活动。

（5）点评（点评分数、点评数量）。

（6）库存：（库存总数量、保留房数量、关房率）库存总数量、保留房数量、关房率。影响酒店收益的主要因素是订单、房型价格、订单取消。其中影响订单的一个重要因素就是房量库存（可以预定售卖卖房间的数量）。跟体量小价格低的店比起来，体量大、价格高的店，无疑在排名方面占据着很大优势。在收益这块，酒店贡献给平台的收益也越多。

（7）信息完整度：图片、设施、简介等对比。

（三）民宿获客流量的常见错误

1. 详情页信息

A：图片数量少、质量差；

B：简介文字少，内容没有吸引力；

C：房型价格信息复杂、混乱。最常见的就是出现多个供应商以及多个订单类型，让客人出现选择困难症。

D：点评分数低、差评多、点评数量太少。

2. 取消退改政策

取消退改政策也是影响跳出率的一个重要因素，尤其是不可取消政策，用户一旦预定将无法取消。取消退改政策通常有：A：不可取消（沟通后免费取消、沟通后付费取消）；B：限时取消（入住当时18:00前、入住前一天、其他）；C：免费取消（入住前可随时取消）。

学习思考题

1.简述民宿营销有哪些途径及其优缺点。

2. 简述一家民宿如何获得更多的客流量。

3. 结合课程学习，以一个民宿为样本，进行民宿营销策划。

项目九　民 宿 店 长

【教学目标】通过项目九学习，学生能认知民宿店长的工作内容，具备从店长角度思考民宿经营管理、协调民宿各岗位工作的能力。

【教学内容】民宿店长工作职责；民宿店长的工作技巧；民宿店长的综合素质。

【教学方式】建议教师结合教材，运用案例教学法、讲授法、翻转教学法等进行教学。

【教学课时】建议教学4课时。

一、店长

店长是受连锁经营企业委派管理一个单独门店的管理人员职位的名称，也可以是对自主经营门店业主的称谓，是在商品经济的大潮中新生的词汇。店长是一个门店的最高负责人员。

民宿店长需要做好的三件事：客人、员工、设施设备。

（1）需要维护客人的“合理”要求。

（2）要维护好店内员工的“身心”健康。员工心情愉悦、身体健康才能更好地工作，更好地为客人服务。

（3）需要维护店内设施设备的正常运行。店长并不是要去做这些事，而是要了解和掌握各个岗位负责的区域是否认真做好了本职工作，履行好了自己的职责。民宿店长就是一家之长，就是这个家的家长。

二、民宿店长基本工作流程及主要工作内容

1. 当日入住情况

作为一店之长，每天上班第一件事就是到前台掌握当天退房、订房、续房情况。我们前面讲了前台、管家、营销等职责，这些不是店长主动去问前台，而是前台应该主动向店长汇报当天的情况，并从营销工作人员处了解当

天的房态，并要求营销人员对当天房态及时进行调整，根据当日情况合理安排各个岗位当日工作。

2. 客人需求情况

作为店长不但要了解前台和管家的工作，而且还要了解管家与管家之间的统筹工作。

3. 管家及员工的工作状态

作为一名店长要及时关注店里每位员工的工作状态，民宿与酒店有所不同，员工本身就是定岗定位，人员并不多，每位员工的工作状态都会影响到该店的在销问题。据有关数据显示：一个正面的口碑只能影响到8个人，而一个负面的口碑则能影响到106个人，所以我们必须关注到每个员工，如遇有特殊情况应急时地处理和调整。

4. 当日房间复查

当日房间复查只是对当日常规状态的了解监管工作。了解房间物品的摆放，设施设备的维护，抽查各个岗位的工作情况，细节之处有没有做到位，对存在的问题及时解决和处理，对表现好的人和事进行鼓励和表扬。

5. 突发情况处理

民宿与别的行业有所不同，每个岗位每个人都是定岗定位，坚守自己的岗位，而店长则是一店之长，也是一个机动人员，充当着不同的角色。如对外的衔接工作，对内的管理工作，一些突发事件的处理，行业的规范和要求等都要第一时间了解，督导好员工遵守。

注:网上的信息,客人的评价(营销配合处理),社会影响力的处理等等,对店长要求非常高,不但要解决问题,还要消除隐患。

6. 当日情况小结

各个岗位进行协调（营销，管家，前台各岗位情况相互知晓），当天情况总结，对好的地方进行表扬，不足的地方在下一步工作中进行完善和改进。对于民宿而言，大部分老板就是店长，但店长不一定是老板。店长一定是在客栈里掌控全局的人，熟知店内所有人员、设施的运作情况。负责门店在地各项证照的办理，负责在地市场调研协调工作，负责店内采购及维护工作。

通俗来讲，民宿店长其实就是维护员。需要维护客人的合理需求，需要维护店内员工的身心健康，需要维护店内设施设备的正常运行。

三、民宿店长工作职责

民宿店长工作职责细化到每一天，主要有以下8项工作职责：

1. 执行行业的各项政策与指标

遵守国家法律法规，了解行业内的各项政策，法律法规，积极配合当地各部门的抽检工作，按时定期地进行各项工作的安全排查及审批工作，如抽查营业执照、证照是否都在有限时间内等。

2. 负责店内的日常经营和管理

了解每日订单，对进度进行跟进，询问客人入住、出行等情况；对前台及管家的礼仪进行监督及提醒。如客人入住房间设施设备不能正常使用的处理等。

3. 店员的管理

即时了解店内员工工作情况，将隐患降到最低。提出合理建议，对员工技能进行培训，对其心理进行疏导。（店员包括前台、管家、保洁。）

4. 顾客关系的管理

及时满足、回复客人（合理）需求，对客人入住、出行的情况进行回访。

5. 异常情况的处理，并对房间质检进行复查

主要针对设施设备，以及店内人员、设施设备出现的突发情况进行及时调整。（当日人员是否临时请假；当日早餐品种是否齐全等。）

6. 负责采购、维护协调

知道每天店内所需物品库存情况，并对需要维修的设施设备进行统计。及时联系商家进行补进，保证店内水、电、气、声、光、电、网的正常运行。

7. 每周进行工作总结及下周工作计划

主持工作例会，对存在问题进行统计，并给予解决方法。每周日总结本周工作，并提交下周工作计划及改进方案。

8. 超出权限问题，及时上报并及时解决

遇到不能处理的问题需要第一时间请示高层，并且组织人员积极处理问题。民宿店长在每一天的工作中，需要及时发现问题、处理问题。而在处理过程中，还需要一定的技巧和工作态度。

【教学互动】（时间5～10分钟）

店长要记得每一位员工的生日，并在员工生日当天送上祝福。如果你是店长，你还会为员工做什么？（学生课堂讨论并分享，时间控制在5～7分钟。）

四、民宿店长的工作技巧

（一）沟通力

作为一名民宿店长，自身不仅要有强大的工作能力，同时也需要带领团队共同成长。我们在面对客人和同事的日常工作中，占用时间最多的就是说话，也就是通常所说的沟通，而在此过程中往往需要我们引导大家学会有效沟通。

卡耐基曾经说过，一个人的成功，约有15%取决于知识和技能，85%取决于沟通——发表自己意见的能力和激发他人热忱的能力。善于沟通的人，往往令人尊敬、受人爱戴、得人拥护。那么，什么样的沟通方式，才能让人感觉舒服呢？

（1）赞美行为而非个人

举例来说，如果对方是厨师，千万不要说：你真是了不起的厨师。他心里知道有更多厨师比他还优秀。但如果你告诉他，你一星期有一半的时间会到他的餐厅吃饭，这就是非常高明的恭维。

（2）客套话也要说得恰到好处

客气话是表示你的恭敬和感激，所以要适可而止。如果对方是经由他人间接听到你的称赞，比你直接告诉本人更多了一份惊喜。相反地，如果是批评对方，千万不要透过第三者告诉当事人，避免加油添醋。有人替你做了一点点小事，你可说：谢谢、对不起，这件事麻烦你了。至于才疏学浅，请阁下多多指教。这种缺乏感情的客套话，就可以免了。

（3）面对别人的称赞，说声谢谢就好

一般人被称赞时，多半会回答还好！或是以笑容带过。与其这样，不如坦率接受并直接跟对方说：谢谢，有时候对方称赞我们的服饰或某样东西，如果你说：这只是便宜货。反而会让对方尴尬。

（5）批评也可以很悦耳、时间点很重要、注意场合

比较容易让人接受的说法是："关于你的……，我有些想法，或许你可以听听看。"

批评千万不要在星期一早上，几乎多数人都会有星期一忧郁的症状。另外也不要在星期五下班前，以免破坏对方周末休假的心情。不要当着外人的面批评自己的朋友或同事，这些话私底下关起门来说就好。

（6）同时提出建议

提出批评之外，还应该提供正面的改进建议，才可以让你的批评更有说服力。

（7）避免不确定的回答

像是：不对吧，应该是……这种话显得你故意在找碴。另外，我们也常说：听说……，感觉就像是你道听途说得来的消息，有失得体。

（8）不要表现出自己比对方厉害

交谈时，如果有人说他刚刚去了纽约一星期，就不要说上次你去了一个月，这样会破坏对方谈话的兴致。还不如顺着对方的话，分享你对纽约的感觉和喜爱。

（9）不要纠正别人的错误

不要过于鸡婆地纠正别人的发音、文法或事实，不仅会让对方觉得不好意思，同时也显得你很爱表现自己。

（10）不懂不要装懂

如果你对谈话的主题不了解，就坦白地说："这问题我不清楚。"别人也不会继续为难你。如果不懂还要装懂，更容易说错话。

（11）掌握1秒钟原则

听完别人的谈话时，在回答之前，先停顿1秒钟，代表你刚刚有在仔细聆听，若是随即回话，会让人感觉你好像早就等着随时打断对方。

（12）微笑拒绝回答私人问题

如果被人问到不想回答的私人问题或让你不舒服的问题，可以微笑地跟对方说："这个问题我没办法回答。"既不会给对方难堪，又能守住你的底线。

（13）让对方觉得他很重要

如果向前辈请求帮忙，可以说："因为我很信任你，所以想找你商量……"让对方感到自己备受尊重。

（14）直接描述现状

和同事意见不同时，不要直接批评，而要说明不同点在哪里。

（15）寻求解决

如果部属绩效不佳，应该询问他有无解决办法，不要采取威胁态度。

（16）主动表达帮忙

如果一时之间无法解决部属的问题，不要说"这种事先不要来烦我，"而是告诉他，"我知道有谁可以帮忙！"

（17）说话语气要平等

主管切忌说："我有十几年的经验，听我的就对了。"比较好的说法是："这方法我用过，而且很有效，你要不要试试看？"

（二）执行力

学会沟通以后，我们还需要有执行能力。执行力是指既反映了组织的整体素质，也反映出管理者的角色定位。管理者的角色不仅仅是制定策略和下达命令，更重要的是必须具备执行力。执行力的关键在于透过制度、体系、企业文化等规范及引导员工的行为。管理者如何培养部属的执行力，是企业总体执行力提升的关键。

执行力分为个人执行力、团队执行力和能动执行力。对于民宿而言执行力可直接定义为个人的主观能动性，看到即做到、听到即执行。更多的是温馨、细致的服务，让客人有更好的入住体验。

第一，认真接待每一个进店的顾客，向其介绍当地旅游特色的同时，分析、了解顾客需求。顾客进店时都有一定的目的性，主动询问顾客出行、食宿需求来仔细介绍。

第二，针对不同的顾客，用不同的方式接待。

第三，找对方法、方式，除了有语言表述，还要有适当肢体动作。

第四，明确权限、发现解决问题的能力：整个团队在组织中拥有什么样的决定权。如何分配团队中每个人的权限。每个人必须有权限去完成某个独立的工作 。店长要学会授权和分权。

【教学活动】（时间5～10分钟）

请针对以下两种工作情景，讨论作为店长的你该如何正确处理？

1. 店内员工因为保洁问题发生争吵。（2名店员，1名店长）

2. 客人入住后，对周边环境噪音不满。（2名客人，1名前台、1名店长）

客户形形色色，工作出错总是难免，处理方法得当能够促进店面成员之间感情，增强团队凝聚力。假如店员在工作中出现错误，店长不要一味地追究其责任，对于错误造成的损失，店长要帮助店员寻找解决方法，分摊责任，检讨自身检查监督工作的不到位。

换位思考问题是解决问题的最好缓解方法，问题解决后，让店员吸取教训总结经验，店长在后期工作也要加强监督检查，避免此类问题再次发生。

五、民宿店长的综合素质

（一）店长的综合素质要求

作为民宿店长，还需要我们具有培养员工的意识，生活中所有物品物资的成本核算、对内对外都需要具有胆量、眼光、智慧、爱心、责任心等格局。

1. **胆量**。一个人做事必须具备一定的胆量，有了胆量，机会到了眼前才能抓得住，否则，当机会来到的时候，犹豫不决、瞻前顾后，大好机会将会错失，到头来空留遗憾。

2. **智慧**。一个人能不能抓得住隐藏在事物表面下的规律，显示了一个人是否拥有智慧。我们在处理事情的时候，往往被事物表面错综复杂、光怪陆离的表象所迷惑，做事情不能抓住事情的本质，以及事物发展的规律做事，被事物的表象牵着鼻子走，到最后只能陷入被动和失败。

3. 眼光。一个人看待事物要长远，才能走得远。人无远虑必有近忧，如果只盯着眼前看，势必有些目光短浅，有些事情在当前来看，虽然没有好处，但是从长远发展却是千秋大计，因此我们就必须放弃眼前的利益，着眼长远发展。事物发展规律有时候表现得曲曲折折，有时候还需要以退为进。如果只能前进，而不能以退为进，我们违背了事物规律也会遭遇失败。一个人眼睛能看到的地方是视线，眼睛看不到的地方是眼光。

4. **爱心**。俗话说有大爱，做事无障碍！一个人做事，如果能做到大公无私，一心为民，一心为公，他的格局肯定大。无论是儒家、道家、佛家，都在弘扬爱心，有了爱心，我们的道德就高尚了，我们就脱离了低级趣味，成为一个纯粹的人。儒家思想中“独乐乐，与人乐乐，孰乐？”道家思想中“既以为人己愈有，既以与人己愈多”，佛家思想中的众生平等，发菩提心等，我们可以看出无论儒释道的哪一家，圣贤们都有统一的认识。当你放下你的私心为别人的时候，你内心自然而然就会充满快乐！帮助别人，内心就充满了坦然愉悦和淡定。

5. **责任心**。有了责任心，就有了担当的勇气。相反也就会放大我们做事的格局、使命感。一个人来到这个世界上，不能只为自己，要活出这一辈子的价值，要活出生命的意义。当我们离开这个世界的时候，我们才会无怨无悔，才不会为这辈子碌碌无为而感到悔恨。有了使命感，我们就不会为自己的得失计较，才会活得大气，才能成大事，有使命感的人，格局自然是大的。

（二）店长的工作态度

1. 做店员的好榜样，以身作则。

2. 赢得店员的尊敬与信赖，和谐相处。

3. 善于与客人、店员沟通交流。

4. 善于改善工作方法。

5. 经常的自我反思。

（三）店长如何做好店员的管理

1. 对店员的领导能力

领导是感性的，具有一定的感情色彩在里面，也就是现在人们常说的人性化管理。所谓人性化管理，就是一种在整个企业管理过程中充分注意人性要素，以充分开掘人的潜能为己任的管理模式。至于其具体内容，可以包含很多要素，如对人的尊重，充分的物质激励和精神激励，给人提供各种成长与发展机会，注重企业与个人的双赢战略，制订员工的生涯规划等等。

2. 对店员的管理

管理是理性的，必须按照规章制度来办事，也就是说在制度面前人人平等。

领导包括：

（1） 以身作则，鼓励代替责备，发现优点、发扬长处，稍后及时建议。

（2） 公私、赏罚分明 。

管理包括：

（1）管理制度化，店内培训、操作流程、服务细节、店内考核等。

（2）命令明确化：言简意赅、抓住重点、及时确认。

（3）进度数字化：如在接待客人时，明确时间点，合理安排空余时间。

3. 掌握市场信息收集的主要内容

（1）本地区消费者的购买能力。收集顾客数据，了解当地文化、饮食及旅游路线特点，根据客人需求进行合理推荐。

（2）本地区市场季节性变动的特点。分析淡季旺季特点，针对淡季和旺季制订不同的工作计划和工作方案。

4. 了解本地区竞争对手的情况

中国的历来讲求和气生财，对于竞争对手要了解其服务特点、特色，杜绝恶意竞争。在受到恶意攻击时，在保证自身客栈利益的情况下进行合法维权。

5. 设施设备维护

（1）熟知店内给水管供给方式，配件及管材口径及储水设备的运行状况，了解屋面排水等排放系统的情况。

（2）具有电路电器使用基本常识，知道供配电系统的组织情况。

（3）对取暖、通风设备有基本的检修技能，能及时排除安全隐患。

（4）燃气供应管道及燃气具要每天定时检查。

（5）工区和房间门锁、门窗、墙面等设施知道维护和维修方式。

（6）定期检测工区网络和房间网络、电视光纤、智能客控等使用情况。

（7）每天对房间内软装、摆件、硬件开关、加湿、加热等设备进行检测，检测其是否能正常使用。

（8）根据当地气候，对院内花草树木进行保温、保湿、除虫等养护工作。

一家民宿就是一个大家庭，因为店内员工来自五湖四海。而店长就像一个大家长一样，不仅仅是做好对客人的服务，也需要给员工有家的感觉，让员工真切地感受到这就是家。

学习思考题

1. 简述民宿店长工作职责与工作技巧。

2. 简述民宿店长的综合素质。

3. 小组学习，讨论如何成为一名优秀的民宿店长，形成讨论稿，并在班级进行交流。

项目十　茶 艺 基 础

【教学目标】 通过项目十学习，学生能认知茶文化与茶艺，具备茶文化知识和基本的茶艺服务能力。

【教学内容】 中国茶文化概述；茶叶基础知识；茶具知识；茶艺基础。

【教学方式】 建议教师结合教材，运用体验教学法、讲授法翻转教学法等进行教学。

【教学课时】 建议教学4课时。

一、中国茶文化概述

（一）茶的渊源

茶是中华民族的举国之饮，它发乎神农，闻于鲁周公，兴于唐朝，盛在宋代。饮茶爱好者遍及全球，全世界已有50余个国家种茶；从古至今，茶在我们生活中一直占据着极其重要的位置。我国是茶之古国，是茶及茶文化的发源地，是世界上最早种茶、制茶、饮茶的国家。所以有句话：世界的茶，来自于中国。中国的茶发源于四川蒙顶山。

《神农本草经》一书中曾经指出："神农尝百草，日遇七十二毒，得荼（茶）而解之。"

神农就是炎帝，我们的祖先之一。一日，他尝了一种有剧毒的草，当时他正在烧水，水还没有烧开就晕倒了。不知道过了多久，神农在一种沁人心脾的清香中醒了，他艰难地在锅中舀水喝，却发现沸腾的水已经变成了黄绿色，里面还飘着几片绿色的叶子，那清香就从锅里飘出来的。几小时后，他身上的剧毒居然解了！神农细心查找之后发现锅的正上方有棵植物，研究之后发现了它更多的作用，最后将它取名为"茶"。这则关于茶的传说，可信度有多大，尚不可知。但有一点明确的，即茶最早是一种药用植物，它的药用功能是解毒。

（二）茶在中国的重要性

在我国，茶被称为国饮。作为中国最古老的饮品，茶已经成为国人生活中不可分割的一部分。它不受地域限制，也没有民族差别，几千年来一直流传下来。

乾隆皇帝："国不可一日无君，君不可一日无茶。"乾隆皇帝是我国历史上最长寿的皇帝，他对他爷爷——康熙皇帝是非常尊重的，康熙皇帝在位时间是61年，乾隆皇帝就在他在位60年的时候宣布退位，这时一位大臣提出"国不可一日无君"，乾隆皇帝哈哈大笑，顺口就说"君不可一日无茶"。从这里我们就能看到，茶在乾隆皇帝的日常生活中扮演的是一个非常重要的角色，但是也从侧面反映了茶对乾隆皇帝长寿起到了一定的作用。

我国当代名家梁实秋先生在他的《雅舍怀旧》中提到：不喝茶还能称中国人？中国人讲究开门七件事"柴米油盐将醋茶"。中国文人墨客有七件宝"琴棋书画诗酒茶"。我们发现，俗事的生活与雅致的把玩之中，茶都扮演着极其重要的角色。今天的我们该如何理解茶文化，如何来通过饮茶来强身健体和养生，都是我们以后在生活中要多学习运用的。

（茶场）

二、茶叶基础知识

（一）茶叶分类

中国的茶叶种类很多，分类也自然很多，通常按照茶的发酵度、产地、采收季节、茶叶的形态、制造程序、制茶原料、茶的生长环境等进行分类。

1. **按照发酵度分类**：绿茶，黄茶，白茶，青茶，红茶，黑茶。按照发酵度为传统茶分类法。

（1）绿茶：绿茶属于不发酵茶，发酵程度为零，代表名优绿茶有：西湖龙井，安吉白茶，太平猴魁等。

（2）黄茶：黄茶属于微发酵茶，发酵度为10%～20%，代表名优黄茶有：霍山小黄茶，蒙顶黄芽等。

（3）白茶：白茶属于轻微发酵茶，发酵度为20%～30%，代表名优白茶有：白毫银针，白牡丹，贡眉等。

（4）青茶：青茶属于半发酵茶，发酵度为30%～60%，代表名优青茶有：安溪铁观音，凤凰单枞，漳平水仙，东方美人等。

（5）红茶：红茶属于全发酵茶，发酵度为80%～90%，代表名优红茶有：正山小种，祁门红茶，云南滇红等。

（6）黑茶：黑茶属于后发酵茶，发酵度为100%，代表名优黑茶有：云南普洱茶，安化黑茶，雅安藏茶等。

绿茶	不发酵茶	发酵度0%	龙井，碧螺春……
黄茶	微发酵茶	发酵度为10%～20%	君山银针，黄小芽……
白茶	轻微发酵茶	发酵度为20%～30%	白毫银针，白牡丹……
青茶	半发酵茶	发酵度为30%～60%	武夷岩茶，铁观音，凤凰单……
红茶	全发酵茶	发酵度为80%～90%	正山小种，祁门红茶……
黑茶	后发酵茶	发酵度为100%	安化黑茶，云南普耳茶……

2. **按照产地分类**：西湖龙井，安溪铁观音，祁门红茶，黄山毛峰，蒙顶甘露，南京雨花茶等等。

3. **按照采收季节分类**：春茶，夏茶，秋茶，冬茶。

4. **按照茶叶的形态分类**：长条形茶，卷曲条形茶，针形茶，扁形茶，团块形茶，束形茶等。

5. **按照制造程序分类**：毛茶，精茶。

6. **按照制茶原料分类**：叶茶，芽茶。

7. **按照茶的生长环境分类**：高山茶，平地茶，有机茶。

（二）绿茶

绿茶，是我国历史最悠久，距今至少有三千多年。古代人类采集野生茶树芽叶晒干收藏，可以看作是广义上的绿茶加工的开始。但真正意义上的绿茶加工，是从公元8世纪发明蒸青制法开始，到12世纪又发明炒青制法，绿茶加工技术已比较成熟，一直沿用至今，并不断完善。绿茶是产量最大的茶类，其制作过程并没有经过发酵，成品茶的色泽，冲泡后的茶汤和叶底均以绿色为主调，较多地保留了鲜叶内的天然物质。其中茶多酚咖啡因保留鲜叶的85%以上，叶绿素保留50%左右，维生素损失也较少，从而形成了绿茶“清汤绿叶，滋味收敛性强”的特点。由于营养物质损失少，绿茶也对人体健康更为有益。

1. **绿茶基本加工工艺**：萎凋—杀青—揉捻—干燥等几道加工工艺。

2. **绿茶功效**：抗衰老、防癌、抗菌、降血脂、瘦身减脂、防辐射、清口臭等。

3. **绿茶的名优代表**：西湖龙井、洞庭碧螺春、黄山毛峰、信仰毛尖、太平猴魁、六安瓜片、蒙顶甘露等。

4. **绿茶冲泡流程**：

（1）冲泡使用器具：玻璃杯（根据品茶人数配备）、茶道组、茶盘、茶巾、随手泡、茶荷等。

（2）冲泡要素：投茶量：2 ~ 3克，水温：75℃ ~ 85℃。

（3）冲泡方法：低投法，中投法，高投法。

（4）冲泡流程：备具—赏茶—温杯洁具—投茶—浸润泡—冲泡—奉茶—品茶等。

三、茶具的认识

饮茶离不开茶具，茶具就是指泡饮茶叶的专门器具。我国地域辽阔，茶类繁多，又因民族众多，民俗有差异，饮茶习惯便各有特点，所用器具更是精彩纷呈，很难做出一个模式的规定。随着饮茶之风的兴盛以及各个时代饮茶风俗的演变，茶具的品种越来越多，质地越来越精美。茶具品名繁多，常用的有10种。

1. **煮水器**：煮水器由烧水壶和热源两部分组成，热源可用电炉，酒精炉，炭炉等。现代使用得比较多的是电水壶，电水壶以不锈钢材料制成，表面呈有光亮的银白色，人们还给此种电水壶取名为"随手泡"，取其方便之意。

2. **水壶**：水壶是用于煮水并暂时存放沸水的水壶。水壶，古代称注子，现在随着国学的盛行，又有人称之为水注的。水壶的材质以古朴厚重的陶质水壶最好，通常讲究查到的人不会选用金属水壶，而对陶质水壶情有独钟。其他材质有：金属，玻璃

3. **茶叶罐**：茶叶罐是专门用来保存茶叶的器具，为密封起见，应用双层盖或防潮盖。锡罐是最好的储茶罐，只是价格昂贵。其次为陶瓷制罐为佳，不宜用塑料和玻璃罐子储茶，因为塑料会产生异味，而玻璃透光容易使茶叶氧化变色。

（煮水器）

（茶叶罐）

4. **茶则**：茶则是一种从茶叶罐取茶叶放入壶盏内的器具，通常以竹子，优质木材制成，还有以陶、瓷、锡等制成的。在茶艺表演中，茶则除了用来量取茶叶以外，另一种用途是用以观看干茶样和置茶分样。

5. **茶夹**：茶夹又名茶筷，茶夹功用与茶匙相近，可将茶渣从壶中夹出，也可以用茶夹夹着茶杯洗杯，既防烫又卫生。

（茶则）

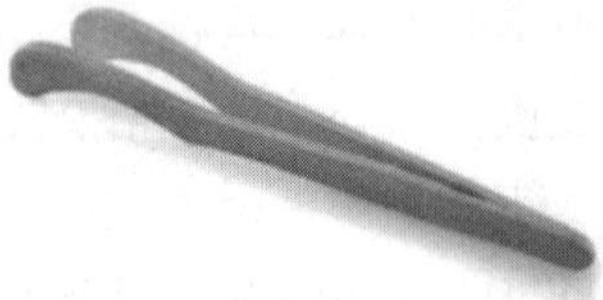

（茶夹）

6. **茶漏**：茶漏是一种圆形小漏斗，用小茶壶泡茶时，把它放在壶口，茶叶从中漏进壶中，以免干茶叶撒到壶外。

7. **茶壶**：茶壶是用以泡茶的器具。泡茶时，将茶叶放入壶中，再注入开水，将壶盖盖好即可。茶壶由壶盖、壶身、壶底和圈足四部分组成。壶盖有孔、钮、座、盖等细部。壶身有口、延、嘴、流腹、肩、把等细部。由于壶的把、盖、底、形的细微部分的不同，壶的基本形态就有近200种。茶壶的材质一般选用陶瓷。壶之大小视饮茶人数而定，泡工夫茶多用小壶。

（茶漏）

（茶壶）

8. **盖碗**：盖碗，又称三才碗，用它代替茶壶泡茶，再将茶汤倒入茶杯中供客人饮用，但最多只供四人饮用，局限性较大。一般有陶瓷和玻璃材质。

9. **茶海**：茶海，亦称公道杯，一种类似西方装牛奶的小罐子，一般用瓷器和玻璃制成。目的是为了冲泡后的茶汤滋味均匀，以及不使茶汤浸泡时间过久而苦涩，先将壶中泡出得茶汤倒入茶海里，然后再分别倒入品茗杯中。

（盖碗）

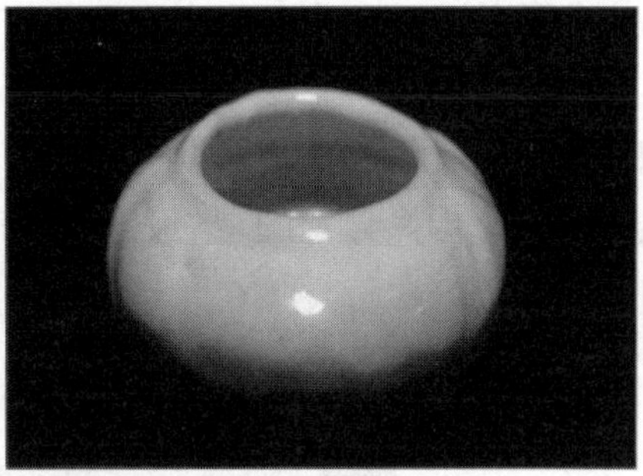

（茶海）

10. 茶杯：茶杯，又称品茗杯，装茶汤直接供客人饮用的器具。一般以白色瓷杯为好，也有紫砂，玻璃等材质。茶杯有大小之分，小杯用来品乌龙茶等浓度较高的茶，大杯可用于绿茶、花茶和普洱茶等。

（茶杯）

四、茶艺基础

（一）茶艺

一花一世界，一叶一如来。人们在茶中观察身外的大千世界，在茶中寻找内心的恬淡平和。茶为人营造清雅的氛围，美的境地，并带来了一种新的感受，它使人内心得以平复，精神得以延伸，其中的技巧则成为一种独特的文化，这就是茶艺。茶艺是饮茶活动种特有的文化现象，它包括茶叶品评技法和艺术操作手段的鉴赏及对品茗美好环境的领略等。

茶艺包含着选茗、择水、烹茶技术、茶具艺术、环境的选择创造等一系列内容，对渲染茶性的清纯、幽雅、质朴等气质起到良好的烘托作用，增强了茶文化的艺术感染力，文人雅士向来注重这种氛围。一般来说，品茶环境多要求是清风、明月、松姿、竹韵、梅开等种种妙趣和意境，这其中包含着中国人传统的美学观点和精神寄托。所以，茶艺是中国人自然观和自身体验的结合，符合中国传统的“天人合一”哲学观念，也是现代人观念中的“灵与肉”的完美融合。

（二）茶艺操作流程

（茶艺/无华民宿茶艺师）

【第一道】 净手、赏具

净手也就是洗手，喝茶卫生很重要，先引茶人荷，请来宾赏茶，然后是赏具：品茶讲究用景瓷宜陶，景德镇的瓷器或宜兴的紫砂壶为上，这个都是为了喝茶前有个放松心情的准备。

（净手、赏具）

【第二道】烫杯、温壶

就是把茶叶器具都用开水冲洗一次，目的也是为了卫生清洁，同时给茶具预热，这样出来的茶的味道更香，将沸水倾入紫砂壶、公道杯、闻香杯、品茗杯中，也有朋友说这叫洁具提温。

（烫杯、温壶）

【第三道】乌龙入宫

把茶叶放到茶壶里，称为乌龙入宫。名字叫得好听，程序简单，表演可以适当加入花式，更具有茶韵。

（投茶）

【第四道】洗茶

洗茶指将沸水倒入壶中，让水和茶叶适当接触，然后又迅速倒出。目的是为了把茶叶表面的不清洁物质去掉，还有就是把没炒制好的茶叶过滤掉。

（洗茶）

【第五道】冲泡

冲泡指把沸水再次倒入壶中。倒水过程中壶嘴“点头”三次，别一次把壶倒满，茶道的程序其实也只是好看而已，只有这步才是平时大家常用的，表演上有即所谓“凤凰三点头”，向客人示敬。

（冲泡）

【第六道】春风拂面

春风拂面，完全是表现技巧美观需求，水要高出壶口，用壶盖拂去茶末儿，把浮在上面的茶叶去掉，为的是只喝茶水不要让上面浮的茶叶喝到口中。

（拂茶末）

【第七道】封壶

盖上壶盖，保存茶壶里茶叶冲泡出来的香气，用沸水遍浇壶身也是这个目的。

（封壶）

【第八道】分杯

分杯指准备喝茶开始的步骤，用茶夹将闻香杯、品茗杯分组，放在茶托上，方便加茶。

（分杯）

【第九道】玉液回壶

玉液回壶指轻轻将壶中茶水倒入公道杯，使每个人都能品到色、香、味一致的茶。给人精神上的享受和感官上的刺激，简单点说就是给客人每人一杯茶。

（玉液回壶）

【第十道】分壶

分壶指将茶汤分别倒入每个客人的闻香杯，茶道的程序茶斟七分满，表示对客人的尊敬。

（分壶）

【第十一道】奉茶

奉茶指把杯子双手送到客人面前。注意倒茶礼仪，以茶奉客是中国古代礼仪之本。

（奉茶）

【第十二道】闻香

闻香指客人将茶汤倒入品茶杯，轻嗅闻香杯中的余香，最好能有陶醉状，表示对主人茶的欣赏和赞叹。

（闻香）

【第十三道】品茗

品茗指客人用三指取品茗杯，分三口轻啜慢饮，然后放下，可以在谈话交流期间继续如此，显示茶在交流中的地位和必不可少的身份。

（品茗）

学习思考题

1. 简述茶的渊源与茶在中国文化中的重要性。
2. 简述茶叶的分类及常用的十种茶具。
3. 尝试按照茶艺操作流程练习泡茶服务。

项目十一　中外民俗基础

【教学目标】通过项目十一学习，学生能认知中外民俗的基本知识，具备将不同民俗文化运用于民宿服务及经营管理中的能力。

【教学内容】中国民俗；国外民俗与风俗习惯；中国民俗别称。

【教学方式】建议教师结合教材，运用讲授法、案例分析法、民俗知识翻转教学法等进行教学。

【教学课时】建议教学2课时。

民俗是中华文化的体现和传承。风俗习惯是指一个国家或民族在长期生活和社会交往中形成传承沿袭的行为习惯、生活方式、礼仪形式、节假日等约定俗成的风气和习惯。表现在饮食、服饰、居住、礼节、婚姻、丧葬、经商、爱好和禁忌等社会生活的各个方面。不同的文化造就了多样的民宿风貌。

一、中国民俗

（一）节日民俗

1. 春节

春节我国传统习俗中最隆重的节日，此节乃一岁之首。古人又称元日、元旦、元正、新春、新正等，而今人称春节，是在采用公历纪元后。古代“春节”与“春季”为同义词。春节习俗一方面是庆贺过去的一年，一方面又祈祝新年快乐、五谷丰登、人畜兴旺，多与农事有关。迎龙舞龙为取悦龙神保佑，风调雨顺；舞狮源于震慑糟蹋庄稼、残害人畜之怪兽的传说。随着社会的发展，接神、敬天等活动已逐渐淘汰，燃鞭炮、贴春联、挂年画、耍龙灯、舞狮子、拜年贺喜等习俗至今仍广为流行。

2. 元宵节

元宵节是我国民间传统节日，又称正月半、上元节、灯节。元宵习俗有赏花灯、包饺子、闹年鼓、迎厕神、猜灯谜等。宋代始有吃元宵的习俗。元宵即圆子，用糯米粉做成实心的或带馅的圆子，可带汤吃，也可炒着吃、蒸着吃。

3. 清明节

清明节是我国民间传统节日。按农历算在三月上半月，按阳历算则在每年四月五日或六日。此时天气转暖，风和日丽，“万物至此皆洁齐而清明”，清明节由此得名。其习俗有扫墓、踏青、荡秋千、放风筝、插柳戴花等。历代文人都有以清明为题材入诗的。

4. 端午节

端午节是我国民间传统节日，又称端阳、重午、重五。端午原是月初午日的仪式，因“五”与“午”同音，农历五月初五遂成端午节。一般认为，该节与纪念屈原有关。屈原忠而被黜，投水自尽，于是人们以吃粽子、赛龙舟等来悼念他。端午习俗有喝雄黄酒、挂香袋、吃粽子、插花和菖蒲、斗百草、驱“五毒”等。

5. 乞巧节

乞巧节是我国民间传统节日，又称少女节或七夕。相传，天河东岸的织女嫁给河西的牛郎后，云锦织作稍慢，天帝大怒，将织女逐回，只许两人每年农历七月初七夜晚在鹊鸟搭成的桥上相会。或说：天上的织女嫁给了地上的牛郎，王母娘娘将织女抓回天庭，只许两人一年一度鹊桥相会。每年七月初七晚上，妇女们趁织女与牛郎团圆之际，摆设香案，穿针引线，向她乞求织布绣花的技巧。在葡萄架下，静听牛郎织女的谈话，也是七月七的一大趣事。

6. 中秋节

中秋节是我国民间传统节日，又称团圆节。农历八月在秋季之中，八月十五又在八月之中，故称中秋。秋高气爽，明月当空，故有赏月与祭月之俗。圆月带来的团圆的联想，使中秋节更加深入人心。唐代将嫦娥奔月与中秋赏月联系起来后，更富浪漫色彩。历代诗人以中秋为题材作诗的很多。中秋节的主要习俗有赏月、祭月、观潮、吃月饼等。

7. 重阳节

重阳节是我国民间传统节日。《易经》将“九”定为阳数，两九相重，故农历九月初九为“重阳”。重阳时节，秋高气爽，风清月洁，故有登高望远、赏菊赋诗、喝菊花酒、插茱萸等习俗。唐人有“遍插茱萸少一人”的诗句。

8. 腊八节

腊日节是我国民间传统节日。这是古代岁末祭祀祖先、祭拜众神、庆祝丰收的节日。腊日通常在每年的最后一个月（腊月）举行，南北朝时腊日已固定在农历十二月初八。有吃赤豆粥、祭拜祖先等习俗。佛教的腊八粥后也渗入腊日习俗。

9. **除夕**

除夕是我国民间传统节日。农历十二月三十日晚，家家在打扫一清的屋里，摆上丰盛的菜肴，全家团聚吃“年饭”。此夜大家通宵不眠，或喝酒聊天，或猜谜下棋，嬉戏游乐，谓之“守岁”。零点时，众人争相奔出，在庭前拢火燃烧（古称“庭燎”，取其兴旺之意），并在这“岁之元，月之元，时之元”的“三元”之时抢先放出三个“冲天炮”，以求首先发达，大吉大利。此时，爆竹声、欢叫声响成一片，一派“爆竹声中除旧岁”的景象。

（二）部分少数民族风俗习惯

1. **朝鲜族**

我国的朝鲜族主要生活在东北三省和内地的一些大城市。居住最集中的地区是吉林省延边朝鲜族自治州和长白朝鲜族自治县。他们居住的地区是我国北方的“水稻之乡”。

朝鲜族的房屋屋顶由四个斜面构成，房屋正面开三扇或四扇门，室内用砖或石平铺成炕，进屋脱鞋，席炕而坐。朝鲜族妇女的传统服装是短衣长裙，以长布带打结。男子也穿短衣，外罩坎肩，裤腿宽大。朝鲜族能歌善舞，姑娘们爱荡秋千和在跳板上飞腾，小伙子则喜欢一对对扭在一起摔跤，似猛虎角力。朝鲜族的传统食品有冷面、泡菜和打糕等。

2. **回族**

回族是回回民族的简称，他们散居全国各地，是我国分布最广的少数民族。他们主要聚居于宁夏回族自治区，在甘肃省、青海省、河南省、河北省、山东省、云南省等也有聚居区。

回族的形成与发展深受伊斯兰教的影响，居民大多信仰伊斯兰教，在我国也称回教。回族喜欢环清真寺而居，在农村往往自成村落。他们的生活习惯有较深的宗教烙印，婴儿出生要请阿訇（伊斯兰教教士）起名字，结婚要请阿訇证婚，去世后要请阿訇主持葬礼。回族忌食猪肉、动物的血和自死的动物。男子喜欢戴白帽或黑帽。

3. **壮族**

壮族过去有20种称呼，1949年以后统称为僮族，1965年改称为壮族。

壮族是我国人口最多的少数民族，主要聚居在广西壮族自治区、云南文山壮族苗族自治州，少数分布在广东、湖南、贵州、四川等省。壮族聚居地区多山，他们大多从事农业生产。

壮族人喜欢吃腌制的酸食，以生鱼片为佳肴，妇女有嚼槟榔的习惯。壮族人信仰多神，除祭祀祖先外，最早还膜拜巨石、高山、土地和龙蛇等。壮族人有歌圩的习俗，每年农历三月初三日，大家聚集到山坡上，搭起赛歌台，参加唱山歌的男女青年们先唱“见面歌”“迎客歌”。唱过山歌之后，就开始抛绣球、碰彩蛋、抢花炮等娱乐活动。大的歌圩有上万人参加，他们常以唱山歌来祈求风调雨顺、五谷丰登。壮族在两三千年的历史发展过程中，创造了瑰丽的文化艺术。壮族的先民在广西左江两岸的陡壁上绘制了大量的崖壁画。从战国时期开始，壮族人民就能铸造铜鼓，它既是乐器，又是权力和财富的象征。独具民族风格的壮锦久负盛名，远销国内外。

4. 苗族

秦汉时期，苗族的先民聚居在“五溪”（今湖南省西部和贵州东部地区），后来不断迁徙，分散到南方各省。现在，苗族主要分布在贵州省、湖南省、云南省、四川省、广西壮族自治区、湖北省、广东省、海南省等地。苗族男子一般都穿对襟或左大襟的短衣，下穿长裤，系大腰带，头缠青色长巾。妇女大多穿大领短衣和百褶裙。山区苗族的住宅建筑大多是“吊脚楼”，它是按照山坡的自然地势，在下方和上方分别竖立较长和较短的木桩支撑，在桩上铺楼板建筑。楼上住人，楼下堆放杂物或关家畜。苗族有悠久的文化传统，能歌善舞，芦笙是他们最喜爱的乐器。苗族的芦笙舞蜚声国内外。蜡染工艺已有千年历史，在国内外享有盛誉。

5. 彝族

彝族主要分布在云南省、四川省、贵州省，少数在广西壮族自治区。他们主要从事农业，有定期赶集贸易的习惯。彝族男子通常穿黑色窄袖右斜襟上衣和多褶宽裤脚长裤，用长数丈的青布包头。女子头上缠包头，有围腰和腰带。男女外出时都披“擦尔瓦”，形如斗篷，下缀长穗。彝族的传统节日以火把节最为隆重。《阿诗玛》是著名的彝族民间叙事长诗，在国内外广为流传。

6. 土家族

土家族主要分布在湖南省西北部、湖北省恩施地区和四川省东部等地。在唐宋时期，土家人手工生产的溪布、水银和朱砂远近闻名，成为贡品。

“西朗卡铺”（土家铺盖）是土家族的两朵艺术之花之一，它编织精巧，色泽绚丽，有100多种图案。土家人的另一朵艺术之花是摆手舞，它是土家族流行的古老舞蹈，古朴优美，生活气息浓厚。土家妇女爱穿左襟大袖短衣，滚花边，下着八幅长裙或镶边筒裤，头挽发髻，喜欢戴耳、项、手、足圈等银饰物。男子穿对襟衣，多扣子。衣料多用土布或麻布，史书上称为溪布、峒布。

7. 布依族

布依族主要聚居在贵州省黄果树瀑布周围的黔南布依族苗族自治州和兴义、安顺地区的几个布依族苗族自治县。布依族男子大多穿多襟短衣或长衫，包蓝色或白底蓝方格头巾。妇女大多穿右大襟上衣和长裤，或套镶花边短褂，或系绣花围腰，也有穿大襟大领短袄，并配蜡染百褶长裙的。在节日里，妇女还配戴各种银质首饰，蜡染是布依族珍贵的手工艺品。

布依族居住区风景秀丽，除了黄果树瀑布外，还有被誉为“贵州高原之花”的花溪。那里土地肥沃，适宜农耕，盛产木棉、剑麻、竹笋、香蕉、黄果等水果，以及松杉、青冈等建筑木材。

8. 侗族

侗族主要分布在贵州、湖南两省和广西壮族自治区。他们主要从事农业生产，兼营林业。鼓楼是侗族村寨中别具一格的建筑物，形似宝塔，是村民聚会、休息和娱乐的地方。各村寨都有鼓楼，有的高达13层，颇为壮观。逢年过节，侗族人民便聚居在鼓楼前的广场上，尽情歌舞。侗族人大多穿自纺、自织、自染的侗布，喜青色、紫色、白色、蓝色。村落依山傍水，住房一般用杉树建造木楼，楼上住人，楼下关牲畜或堆放杂物。饮食以大米为主，普遍喜食酸辣味，好饮米酒，用油茶待客。

9. 白族

白族自称“白子”“白尼”，意思是“白人”，主要聚居于云南大理白族自治州。四川西昌和贵州毕节等地也有少数白族人散居。白族聚居区地处云贵高原，气候温和，适宜农业，号称“粮棉之区”。白族服饰以蓝色、白色、黑色为主，男女都包头。他们喜欢吃酸、冷、辣味食物，还爱喝烤茶。白族信奉佛教，洱海地区寺院遍布，曾有“妙香古国”称。

10. 哈尼族

哈尼族主要分布在云南省西南部的哀牢山区。他们善造梯田。元江南岸遍是层层叠叠的梯田，有的高达数百级，从河谷一直延伸到山顶，梯田内还养鱼，堪称哀牢山区的鱼米之乡。

哈尼人喜欢用自己染织的藏青色土布做衣服。男人穿对襟上衣和长裤，以黑布或白布裹头。妇女穿右襟上衣，下穿长裤，胸前挂成串的银饰，头戴圆帽。哈尼人的住宅大多在山腰，依山势而建。房屋多为土墙草顶楼房，分上、中、下三层，上层堆放杂物，中层住人存粮，下层关养牲畜。哈尼人大多信奉多神崇拜和祖先崇拜，以“龙树”为保护神。几段打了结的绳子作为账本，被哈尼人珍藏在家中最安全的地方。1957年，哈尼族创制了以拉丁字母为基础的文字。

11. 傣族

傣族主要聚居在云南省西双版纳傣族自治州、德宏傣族景颇族自治州，以及耿马、孟连自治县。傣族人大多居住在群山环抱的河谷平坝地区，雨量充沛，四季常春，盛产稻谷、甘蔗、樟脑、咖啡等农作物，经济作物，出产柚木、紫檀、铁力木等珍贵木材，还有野象、犀牛、金丝猴、孔雀等珍禽异兽，被称为“孔雀之乡”。傣族男子上身穿短衫，下着长裤，冷天披毛毡，多用白布或青布包头。有文身的习惯。妇女穿窄袖短衣和筒裙。住房是干栏式建筑，西双版纳、德宏瑞丽一带的竹楼别具风格。傣族信奉佛教，过去西双版纳未成年的男子几乎都要过一段僧侣生活，识字念经，才能还俗回家。傣族人民能歌善舞，尤其是孔雀舞具有鲜明独特的民族风格，深受我国各族人民的喜爱。

傣族泼水节。泼水节源于印度，随着佛教在傣族地区影响的加深，泼水节成为一种民族习俗流传下来，至今已经有数百年的历史了。到了节日，傣族男女老少穿上节日盛装，而妇女们则各挑一担清水为佛像洗尘，求佛灵保佑。“浴佛”完毕，人们就开始相互泼水，表示祝福，希望用圣洁的水冲走疾病和灾难，换来美好幸福的生活。集体性的相互泼水就这样开始了。人们各种各样的容器盛水，涌出大街小巷，追逐嬉戏，逢人便泼。文雅的则用树枝蘸水泼。“水花放，傣家旺”“泼湿一身、幸福终身”！象征着吉祥、幸福、健康的一朵朵水花在空中盛开，人们尽情地泼、尽情地洒，笑声朗朗，全身湿透，兴致弥高。入夜，村寨鼓乐相闻，人们纵情歌舞，热闹非凡。整个节日期间，除有赛龙船、放高升、放孔明灯、泼水、丢包等传统娱乐活动外，还有斗鸡、放气球、游园联欢、物资交流等新的活动。云南民族村的傣族、佤族男女也身穿盛装与游客一起欢度泼水节。

12. 黎族

黎族生活在海南省最南端“天涯海角”地区。这是一个能歌善舞的民族。钱铃双刀舞、打柴舞、舂米舞等具有独特的民族风格。黎族妇女精于纺织。宋末元初，著名纺织家黄道婆高超的纺织技术，就是在黎族地区居住了40多年学到的。黎族地区以农业生产为主，主要种植水稻、玉米、甘薯等，还盛产橡胶。黎族妇女在脑后梳髻，上插用箭猪毛或金属、牛骨制成发簪，披绣花头巾，上衣对襟开胸无扣，下穿无褶织绣花纹的统裙。盛装时戴项圈、手镯、脚环、耳环等。男人上穿无领对襟衣服，下穿前后两幅布的吊幨。部分地区的黎族人保留着纹面、文身风俗。黎族人喜欢吃水饺。肉食用火烧或生腌，腌肉掺加米粉、野菜等，酸渍后长期保存。

13. **蒙古族**

“蒙古”最初只是众多的蒙古地区部落中的一个，后来演变成民族的名称。他们的生活方式独具特色。他们冬季穿皮衣，外罩丝绸或布面，夏季穿布袍，袍身肥大不开叉，俗称蒙古袍。他们居住的是圆形的蒙古包。蒙古族人民喜欢吃牛羊肉和奶食品、喝红茶。蒙古族主要分布在内蒙古自治区，以及新疆维吾尔自治区、青海省、甘肃省、河北省和东北三省等地区。

14. **维吾尔族**

维吾尔族自称“维吾尔”，有“联合”“协助”的意思。他们主要分布在新疆维吾尔自治区，大多聚居于天山以南的各绿洲，也有少数分布在湖南省桃源、常德等县。维吾尔族很早就从游牧畜牧业转向定居农业了。南疆干旱而温暖，北疆寒冷、雨雪充足。在盆地边缘和戈壁上开发绿洲，是维吾尔族农业的一大特色。维吾尔人一般穿棉布衣，男子穿的对襟长袍称“袷袢”，妇女在宽袖衣裙上套黑色对襟背心。男女老少都爱戴四楞小花帽，俗称“尕巴”。未婚少女梳十几条发辫，以长发为美。饮食方面以面为主，喜欢喝奶茶，吃用玉米面或白面烤制的馕。抓饭是节日和待客不可缺少的食品，用羊肉、羊油、胡萝卜、葡萄干、洋葱、大米制成，用手抓食，别有风味。

15. **哈萨克族**

哈萨克族主要聚居在新疆维吾尔自治区伊犁哈萨克自治州和木垒、巴里坤两个自治县，少数分布在甘肃省和青海省等地。哈萨克族在长期的游牧生活中形成了独特的生活习惯和风俗。他们的服装多用皮毛制成，长袖肥身，便于骑乘。男子在冬天穿皮大氅，腰系皮带，右侧佩挂小刀。妇女穿连衣裙，天冷时外罩对襟棉大衣。姑娘们的花帽上常用猫头鹰羽翎做帽缨，十分美丽。妇女们所戴的白布披巾绣有各种图案。哈萨克人以肉类和奶制品为主食。哈萨克牧民按季节转换牧场，春、夏、秋住圆形毡房，俗称“宇”，冬季住平顶土房。哈萨克人热情好客，进餐时，主人献上羊头，客人要将羊头右面颊上的肉割下来放在盘中，再割一只羊耳给座上的年幼的人，这是表示接受的礼节。

16. 藏族

藏族分布在西藏自治区和青海省、甘肃省、四川省、云南省等省。他们大多居住在高原地区，从事高原畜牧业。藏族人信奉喇嘛教，即藏传佛教。过去，喇嘛教的上层人物与各地豪强结合，在西藏、青海等地形成了政教合一的封建统治。15世纪以后，尊崇达赖和班禅两位活佛。以前，藏族地区实行封建农奴制，占人口95%的农奴被剥夺了一切生产资料，过着奴隶的生活。中华人民共和国成立之后，西藏地区实行了民主改革，废除了农奴制，百万农奴翻身做了主人，开始了民族的新生。藏族人身穿长袖短褂，外套宽肥的长袍，右襟系带，脚穿牛皮长靴。为便于活动，袒出右肩或双臂，两袖系于腰间。男子将发辫盘于头顶上，女子将发辫披在肩上。农区女子大多在腰间系一条图案绚丽的围裙。农区以糌粑为主食，喜欢喝酥油茶；牧区以牛肉、羊肉为主食。西藏大部分地区不吃飞禽和鱼。献哈达是藏族一种独特的礼仪。哈达是特制的丝织长巾，一般分白色、黄色、蓝色三色，在拜访谒见时双手献上，以表达敬意。

17. 高山族

高山族主要居住在台湾岛的山地、东南沿海纵谷平原和兰屿上。由于地区、语言的差异，内部有阿美人、泰雅人、排诱人、雅美人等不同的名称。高山族有本民族的语言，但各地语言差别较大，没有本民族的文字。高山族的衣服主要用麻布、棉布制成，样式各地不一。一般男子穿披肩、背心、短褂、短裤。妇女穿短上衣、围裙和自肩上向腋下斜披的偏衫，在衣服上加刺纹绣，并佩戴用贝壳、兽骨磨成的装饰品。高山族人民能歌善舞，精于雕刻和绘画。

高山族主要从事农业生产，种植水稻、旱稻、粟、黍等。雅美人以捕鱼为主，同时饲养鸡、犬、猪。排诱人主要养牛。

二、国外民俗与风俗习惯

1. 美国

（1）握手，男子若戴手套应摘下右手手套再握手。

（2）直呼其名以示亲近友好，很少用正式的头衔来称呼。（法官、高级

政府官员、军官、医生、教授和高级宗教人士可用头衔）

（3）约会应准时到达，过早或过迟都不礼貌。特殊情况应事先告知对方。

（4）拜访要预约。

（5）劳烦他人要付小费。（就餐、乘坐出租车、理发等）

（6）蜗牛象征吉祥，马蹄铁象征好运，四叶草象征财富和幸福。

（7）忌讳数字“13”。（不能13人同坐一桌，也不能有13道菜）

（8）忌讳星期五，若恰是13号，更得小心谨慎。一根火柴不能连续点燃三支香烟。

（9）日常交谈不要涉及个人私事。（年龄、婚姻、收入、宗教信仰、选举等）

（10）颜色禁忌黑色（肃穆、丧葬）、红色（赤字、发怒）。

（11）颜色喜欢白色（纯洁）、黄色（和谐）、蓝色（吉祥如意）。

（12）图案忌讳蝙蝠图案（吸血鬼），不喜欢中国的山水图案、仕女图案、镰刀和锤子。

（13）偏爱白色秃鹰和白猫图案，梅、兰、牡丹等简单明了又富有生机的图案。

（14）自信与优越感，气势咄咄逼人，语言表达直率，幽默感。与美国人表达意见要直接，不得含糊其辞；绝对避免指名批评。

（15）重视效率，为自己规定的最后期限往往较短，力争速战速决。

（16）法律意识根深蒂固，一旦发生争议和纠纷，友好协商的可能性不大。

（17）惯于按合同条款逐项讨论直至各项条款完全谈妥。

（18）既重视商品质量，又重视商品包装。

2. 日本

（1）性格内向，感情不意外露。他们会避免口头交流，牢记祸从口出。拒绝时常说“请让我考虑一下”“如果你的建议包括这点或那点，将会更好”。

（2）重视信用关系，能够赢得日本人的信任，成功的机会会大增。

（3）愿意与熟人做生意，长期打交道，一般不会轻易破坏这种关系。

（4）见面鞠躬，重视初次见面互换名片。

（5）拜访要提前预约，并带上礼品，掌握好价值分寸，不能过重或过轻。

（6）送礼一般是奇数，禁忌数字是4，但要避免9（与苦发音相同）。

3. 德国

（1）拜访送鲜花，且为单数（一般是5朵或7朵），宜送矢车菊，忌送玫瑰花。

（2）忌送葡萄酒，宜送威士忌。

（3）重视礼品价值，也讲究礼品包装。

（4）一般不使用纯白、纯黑或纯咖啡色的包装纸，更不使用丝带捆扎。

（5）忌讳数字13，星期五。会谈时间宜在上午10点至下午4点。

（6）极重体面，注重形式，一般穿三件套西服，尽量说德语或携同译员前往，一般不会做出重大让步。

（7）吃饭时应先喝啤酒，再喝葡萄酒。

（8）德国人的习惯性动作是伸手掏笔记本，一个习惯用语是：请稍后，让我看看记事本。在德国的企业里，下级绝对服从上级，一切按规章办事。

（9）公务是公务，烧酒是烧酒。严格做到公私分明，在公司中没有私人感情，不能开玩笑。

（10）德国人普遍认为晚上是和家人团聚的时间，切忌约其晚上谈生意。

（11）切忌轻率地谈论德国产品的优劣和将出口产品与当地产品作比较，除非有充分的证据。

（12）德国人会调查企业情况和产品性能，一定要耐着性子，不要太着急，洽谈前做好充分准备。

（13）德国商人倾向进口欧洲国家的产品，但对质地优良、款式新颖的中国产品也有兴趣。

（14）德国人精于讨价还价，还会在交货和付款日期上施加压力。要有所准备或者坚定地说不。

（15）由于宗教的影响，德国人尊重契约。签约前需慎之又慎，一经签约就必须认真履行。对交货期或付款期要求稍为宽限等变更或解释都不会被德国人所接受。

4. 英国

（1）讲究体面，以礼待人，说话比较幽默，谦让，绅士遗风。

（2）时间观念较强，如果收到开会或赴宴邀请卡片，应及时填写回执，明确表示是否出席。因故不能准时参加需提前说明原因。

（3）要把英国人称为Britain，即英格兰人。

（4）不要把皇室的事情作为谈资。

（5）忌用山羊、大象以及人物肖像作为商标图案。

（6）忌讳数字13。

5. 法国

（1）性格开朗，生性浪漫，爱好音乐、舞蹈，社交活动频繁，珍惜人际关系。

（2）酒被当作普通饮料，以葡萄酿制的白兰地和香槟酒驰名世界。

（3）忌讳数字13。

（4）社交活动中喜欢送玫瑰、百合等鲜花，但不送菊花和康乃馨。

（5）注重生活情趣，非常重视相互信任的朋友关系。

（6）法国人往往凭借信赖和人际关系去交易，成为朋友之前不会进行大宗交易，习惯于先用小生意试探，建立信誉和友谊之后，大生意便接踵而至。要保持耐心，留下良好的印象。

（7）以家族企业为主，讲究产品特色和质量，不轻易做出超越自己财力范围的投资。

（8）组织结构简单，重视个人力量，很少集体决策。法国商人大多专业性强，一个人独当几面。

（9）法国商人健谈，谈判开始时喜欢聊一些社会新闻及文化方面的话题。在边聊边谈中慢慢转入正题，在最后的决定阶段才一丝不苟地谈生意。

（10）法国人很尊重自己的传统文化和语言，谈判中多用法语，如果能讲几句法语，有助于形成良好的气氛。

（11）比较注重信用，一旦签约会较好地执行协议。非常注重交货期和质量条款。合同文字上坚持使用法语，要商定两种文字的合同具有同等效力。

（12）偏爱横向谈判，重点在于整个交易是否可行，不太重视细节部分。他们喜欢先勾勒出以恶轮廓，再达成原则协议，最后确定协议的具体条文。

（13）法国商人不太喜欢严格的日程安排，但喜欢看到成果，常有备忘录、协议书等，为后期正式签约奠定基础。

（14）时间观念不强，对别人要求严格，对自己比较随便。主宾越重要越迟到。工作时间之外，法国人十分珍惜假期，十分舍得在度假中花钱，八月是法国人的假期。

（15）家庭宴会作为最隆重的款待，但不会作为交易谈判的延伸。不要把谈判桌上的话题带到餐桌上来。法国美食、美酒、法国文化是很好的话题。

（16）讲究穿戴，衣着代表一个人的身份、修养和地位。在商务场合要注重服饰。

6. **意大利**

（1）善于言谈和交际，办事较为拖拉，时间观念不强。

（2）消费水平较高，一般不攒钱，朋友之间往来常带点礼品，鲜花和纪念品是常送之物，但红玫瑰、菊花、手帕等不能作为礼品赠送。

7. **加拿大**

（1）开朗，不保守，重实惠，自由观念较强，行动上比较随便。

（2）生活起居比较讲究，住房要求整洁舒适，卫生设备齐全。

（3）忌讳数字13和星期五。

（4）送的礼品不能太贵重，不得送有本公司广告标志的物品，不妨送一些办公室的工艺品或摆设物件。切忌送个性化的物品，如衣服、化妆品、鞋子、打火机等，尤其不能向女性送香水。

（5）忌讳黑色，偏爱白色。

（6）忌讳百合花图案，偏爱枫叶。

（7）切忌请加拿大商人吃虾酱、鱼露、腐乳和臭豆腐等有怪味、腥味的食物；不吃动物内脏和脚爪，也不宜上辣味的菜肴。偏爱烧制食品，爱吃烧牛排，尤其是半生不熟的嫩牛排，习惯饭后喝咖啡和吃水果。主食以米饭为主，口味不喜欢太咸，偏爱甜味。喜欢白兰地和香槟，喜欢中国的苏菜、沪菜和鲁菜。切忌自己的餐盘里剩食物。切忌送女士香巾擦脸。

（8）在加拿大做生意，因人种而变换手法。大多为英国和法国后裔，属于保守型，不喜欢产品的价格变动。

（9）切忌把加拿大和美国做对比。

（10）切忌询问客户的政治倾向、薪资待遇、年龄以及价钱。

（11）切忌说“你长胖了”“你长得胖”。

7. **澳大利亚**

（1）时间观念强，会见必须事先联系并准时赴约。

（2）如果到澳大利亚人家做客，带瓶葡萄酒，最好给女主人送上一束鲜花。

（3）绝对无法通融的习俗就是周日上午一定到教堂听道。避免这个时候谈生意。

（4）商务活动最好安排在3～11月，且宜安排在酒店。圣诞节和复活节的前后一周不宜拜访。

8. 韩国

（1）韩国人直爽、开朗、能歌善舞，民族意识强烈。

（2）崇尚儒教，尊重长者，长者进屋要起立，向其问好。与长者谈话要摘去墨镜。

（3）早晨起床和饭后都要向父母问安。父母外出回来，子女要迎接。

（4）乘车时要让位给老年人。

（5）吃饭时应先给老人盛饭上菜，老人动筷后，其他人才能吃。

（6）见面时鞠躬，晚辈和下级遇到长辈和上级，要鞠躬问好，站在一旁，让其先行。

（7）男人见面互相鞠躬握手，或用双手，或用左手，只限于点一次头。

（8）鞠躬礼节一般在生意场合不使用。

（9）和韩国官员打交道一般可以握手或是轻轻点一下头，女人一般不与人握手。

（10）男女分开进行社交活动。

（11）拜访应带小礼品，挑选包装好的食品。

（12）敬酒时要用右手拿酒瓶，左手托瓶底，然后鞠躬致祝词，最后再倒酒，且要一连三杯。敬酒人应把自己的酒杯举得低一些，用自己杯子的杯沿去碰对方的杯身，敬完酒后再鞠个躬离开。

（13）作客时主人不让你参观房子的全貌，自己不要到处逛。

（14）韩国人用双手接礼物，但不会当着客人的面打开。

（15）不宜送外国香烟给韩国友人，酒是送给韩国男人最好的礼品，但不能送酒给女士，除非你说这酒是送给她丈夫的。韩国男性多喜欢名牌纺织品、领带、打火机、电动剃须刀等。女性喜欢化妆品、提包、手套、围巾类物品和烹饪用的调料。

（16）拜访要预先约定，宴请一般在饭店或酒吧，夫人很少在场。

（17）寒食节忌生火，婚期忌单日。

（18）在长辈面前要跪坐在自己的脚底板上，绝对不能把双腿伸直或叉开。

（19）未经允许，不能在上级、长辈面前抽烟，不能向其借火或接火。

（20）吃饭时不要随便发出声响，更不许交谈。

（21）进入家庭住宅或韩式饭店应脱鞋。

9. 巴西

（1）开朗豪放，待人热情有礼貌，相见时热烈拥抱。

（2）不要马上谈工作，巴西人时间观念不强，要等主人先谈工作，再逐步进入正题。

（3）商务活动最好着深色西服。

（4）巴西人会客时，主人会敬上一小杯浓咖啡，客人必须喝下去，以示尊敬。

（5）对于商品图案和商标，巴西人喜欢大红色，忌讳棕色、紫色、黄色及深咖啡色。

10. 印度

（1）伊斯兰教的印度人不吃猪肉，虔诚的教徒不喝酒。正统的锡克教教徒不剪发，头上缠着头巾。不吸烟，不吃牛肉。正统的穆斯林妇女不见男客，但邀请印度人参加社交时，应邀请他们的妻子。

（2）印度人与友人见面时，通常双手合掌或举手念一句纳马斯卡拉，有时相互拥抱，两手互搭对方肩膀，以示亲热。迎候贵宾往往敬献花环并套挂在客人脖子上，但客人应马上取下表示谦虚。

（3）在谈话时，如果印度人同意你的意见，往往把头歪到一边或摇头。

（4）孟买多是素食主义者。印度人爱喝茶，尤其是红茶。作客时可以带水果、糖作为礼品，也可以给主人的孩子带些礼物。

（5）印度人喜欢红色、蓝色、紫色、金黄色、绿色，不喜欢黑色、灰色、白色。

（6）大象被看作是吉祥的动物。

（7）初次访问公司或政府机关应穿西装，事先预约，准时赴约。

（8）凭样交易，应多出示样品，广为介绍经济实惠的品种。

（9）印度商人常会询问你的家庭生活、工作、健康等私人问题，表示关心和友好。

（10）切忌谈论印度的赤贫、庞大的军费开支等话题。

（11）吃饭时只准用右手递接食物。

（12）访问印度前，务必了解对方的假期。

（13）入关者可携带香烟200支或雪茄50支或烟草250克、酒1夸脱。在孟买入关者，应在海关申请饮酒许可，孟买市面无酒可购，印度人往往带客户到私人俱乐部饮酒。

三、中国民俗别称

（一）月令（农历月份）

一月：正月，孟春，初春，早春，上春，端春，端月，征月，初月，泰月，杨月，寅月，孟阳，春阳，初阳，首阳，新正，月正，开岁，献岁，芳岁，华岁，岁岁。

二月：仲春，中春，甜春，正春，仲阳，如月，杏月，丽月，令月，卯月，花朝，竹秋。

三月：季春，暮春，晚春，末春，嘉月，蚕月，花月，桃月，桃浪。

四月：初夏，首夏，孟夏，维夏，槐夏，仲月，梅月，阴月，乏月，麦月，余月，巳月，槐月，清和月，中吕，麦候，麦秋。

五月：仲夏，中夏，榴月，蒲月，午月，皋月，天中，端阳。

六月：季夏，晚夏，暮夏，暑月，季月，荷月，伏月。

七月：首秋，早秋，新秋，初秋，孟秋，上秋，兰秋，申月，兰月，巧月，相月，霜月。

八月：仲秋，正秋，桂月，壮月，酉月，获月，仲商，南吕。

九月：暮秋，晚秋，季秋，凉秋，菊月，戌月，玄月，秋白，霜序，暮商，季商。

十月：初冬，孟冬，上冬，开冬，吉月，良月，坤月，阳月，小阳春，亥月，应钟。

十一月：仲冬，中冬，子月，辜月，龙潜月，葭月，畅月，黄钟。

十二月：严冬，季冬，残冬，末冬，暮冬，穷冬，腊冬，严月，腊月，冰月，大吕。

（二）季令

一年四季，一季三个月，常用孟、仲、季来称呼。如：孟春、仲春、季春。

春：阳春，三春，九春，芳春，青春，艳阳，阳中。

夏：朱夏，三夏，九夏，朱明，昊天。

秋：金秋，素秋，三秋，九秋，素商，高商，金天。

冬：寒冬，三冬，九冬，安宁。

（三）节令

正月初一：正朝，三朝，元春，元旦，元日，无朔，元正，元春。

正月初七：人日。

正月十五：元宵，元夕，元夜，上元，灯节。

二月初一：中和日。

三月初三：重三，上巳，三巳，上除，令节。

四月初八：浴佛日。

四月十九日：浣花日。

五月初五：端午节，蒲节，午日。

六月初六：天贶节。

七月初七：七夕，星节，乞巧节。

七月十五：中元。

八月十五：中秋节，仲秋节。

九月初九：重阳节，菊花节，重九。

十月十五：下元。

十二月三十：除夕，守岁。

（四）婚龄

第一年：纸婚

第二年：棉婚

第三年：皮婚

第四年：花果婚

第五年：木婚

第六年：糖婚

第七年：毛婚

第八年：铜婚

第九年：陶婚

第十年：锡婚

第十一年：钢婚

第十二年：丝婚

第十三年：花边婚
第十四年：象牙婚
第十五年：水晶婚
第二十年：瓷婚
第二十五年：银婚
第三十年：珍珠婚
第三十五年：珊瑚婚
第四十年：红宝石婚
第四十五年：青玉婚
第五十年：金婚
第五十五年：绿宝石婚
第六十年：白金婚

（五）年龄

幼儿时期：孩提
童年时期：总角
女子15岁：及笄
男子20岁：弱冠
女子24岁：花信
30岁：而立之年
40岁：不惑之年
50岁：知命之年
60岁：花甲
70岁：古稀
77岁：喜寿
88岁：米寿
80~90岁：耄耋
90岁：鲐背之年
99岁：白寿
100岁：期颐之年
108岁：茶寿

（六）时辰

一昼夜分十二个时辰，用十二地支表示，其“别称”分别为：

子时：夜半

丑时：鸡鸣

寅时：平旦

卯时：日初

辰时：食时

巳时：隅中

午时：日中

未时：日映

申时：哺时

酉时：日入

戌时：黄昏

亥时：人定

（七）花卉

牡丹：被称为“花中之王”，雅称“贵客”，还有称是“国色天香”“百两金”“木芍药”“富贵者”。

莲花：是花中“高尚君子”。美称“花君子”，雅称“净客”，别称“水华”“水旦”“水苏”“泽芝”，还有称“君子者”。

兰花：美称“空谷佳人”，雅称“幽客”。其他有称之为“香祖”“王者之香”“天下第一香”“空谷幽兰”“话中君子”。梅、兰、竹、菊共称花中“四君子”。

月季花：历来被称为“人间不老春”。她的美称为“月月红”“四季花”“长寿花”“斗雪红”。

菊花：别称：“黄花”，雅称“寿客”。还有称“隐逸者”，与兰花、水仙、菖蒲称“花草雅”。

茉莉：古尘“没利”，美称“人间第一香”，雅称“神客”。

梅花：雅称“清客”。它和松、竹合称“岁寒三友”，与山茶、水仙、迎春合称“花中四友”。

杜鹃花：雅称“山客”，与山茶花、仙客来、石腊红、吊钟海棠称“盆花五姐妹”。

（八）老人

【老先生】年高学博者之称。《史记·贾谊传》：“每诏令议下，诸老先生不能言，贾生尽力为之对。”

【老父】对老年人的尊称。《汉书·张良传》：“有一老父，衣褐，至良所。”

【老丈】对老年男人的尊敬之称呼。《称谓录》：“周孟阳春卿，英庙宫僚也。圣眷素隆，书简以老丈称之。”

【老宿】年老而在学艺上有造诣的人。汪启淑《鹿菲子小传》：“黄景仁著有《浮湘赋》，老宿咸称之。”

【老骥】老年人自喻。古人云："老骥伏枥，志在千里。"

【老苍】谓头发苍白的老人。杜诗："脱略小时辈，结交皆老苍。"

【老子】老人自称。《晋书·庚亮传》："老子于此处兴复不浅。"

【老夫】老人自称。《礼记·曲礼上》："大夫七十而致仕……自称曰老夫。"

【老身】老人自称。《北史·穆崇传》："老身二十年侍中。"

【老拙】老人自谦之称。苏轼诗："卷赠老夫惊老拙。"

【老朽】老人自谦之称。苏轼《与冯祖仁书》："辱笺教累幅，文义粲然，礼意兼重，非老朽所敢当。"

（九）器物

笔（管城子、中书君）：古时人毛颖，封成管城，累拜中书令，与用管做成的笔能书写有联系，故得名。

砚台（石虚中、即墨侯）：石虚中被封过即墨侯，又为人器度方圆。

墨（松使者）：传说唐玄宗用的墨土，有一道士是墨精，号松使者。

纸（楮先生、剡藤、玉版）：称"楮先生"，传说纸是由楮叶造的；又称"剡藤"，浙江嵊县剡溪产的藤枝能造纸，故又名：又称"玉版"，成都尝花溪制造出来的纸如同玉片一样而得名。

剑（干将莫邪）：因春秋时铸剑名家干将莫邪得名。

扇（仁风、便面）：仁风，系晋朝袁宏因谢安送他扇子，称是"当奉扬仁风"；便面，传说汉朝张敞走马章台街，以扇挡面，故得名。

小船（蚱蜢）：小船很轻快，像小虫一样，所以叫蚱蜢。

镜子（菱花，专指女性用）：菱花本是水里开的一种花。

竹箫（玉参差）：因姜白石两句诗“剪烛屡呼银凿落，倚窗闲品玉参差”而得名。

手杖（鸠杖）：老年人用的手杖叫鸠杖，因鸠是一种不噎的鸟，取其老人安全的意思。

钥匙（鱼样）：传说周穆王时造的一种门锁，样子同鱼一样，因为鱼在水中昼夜不闭眼，取其能守夜意。

琴（绿绮、焦桐）：绿绮系汉司马相如的琴名，焦桐是汉代蔡邕的琴名。

香（龙涎、鸡舌）：皆以珍贵材料得名。

弓（繁弱）：繁弱系地名，以出弓闻名。

（十）中国的别称

【九州】相传禹治水后，分中国为九州，即冀、兖、青、徐、荆、阳、豫、梁、雍。《淮南子地形》又载：古代中国设置九个州，即神州、次州、戎州、州、冀州、台州、济州、薄州、阳州。后来，九州泛指中国。

【赤县神州】《史记·孟子荀子列传》战国邹衍言：“中国名曰赤县神州。”赤县，《诗北山传》：“中国名曰赤县。赤县内，自有九州。”《谷梁恒五年传》又载：“九州之内，名曰赤县。”神州，《中华大字典》：“神州，中国之别称。”始于战国后。

【海内】《辞源》“四海”条注：古人以为中国四周皆是海，所以把中国叫作海内，外国叫海外。

【华夏】《史记·夏本纪》：“禹封国号为夏。”《左定十年传》：“夷不乱华。”夏原为国号，华原为国名。后称华夏为中国。

【中夏】《后汉书》：“目中夏而布德，瞰四裔而抗棱。”

【函夏】《汉书》：“以函夏之大汉兮，彼曾何足与比功。”晋朝张景阳《七命》：“王猷四塞，函夏谧宁。”

【九牧】《荀子》：“此其所以代殷王而受九牧也。”又据《汉书·郊祀志》载：“禹收九牧之金，铸九鼎，象九州。”

【九区】晋朝陆士衡《皇太子宴玄圃宣猷堂有令赋》：“九区克咸，燕歌以咏。”

【九域】《汉书》：“《祭典》曰：‘共工氏伯九域’。”据宋朝《九域图》《九域志》，皆记全国各地的地理图志。

【八州】《汉书·许皇后传》：“殊俗慕义、八州怀德。”

（十一）别称、借代杂集

钱的别称：泉、孔方兄、邓通、阿堵物、青蚨、上清童子、白水真人、没奈何。

酒的别称和雅号：琼、玉液、金浆、家酿、香醪、红友、玉友、欢伯、杯中物、三酉、般若汤、杜康、白堕、曲生、曲秀才、金浆太醴、福水。

雪的别称：琼玉、碎玉、冰花、六出、碎琼乱玉。

月亮的别称：蟾宫、月宫、玉盘、银钩、婵娟、桂宫、望舒。

书信的别称：鸿、鸿雁、尺牍、尺素、函杞。

竹子：抱节君、碧虚郎、不秋草、此君、冰碧、寒玉。

学习思考题

1. 简述中外民俗文化与民宿新业态发展的关系。

2. 请结合中外民俗文化，小组讨论如何在民宿经营接待中为顾客提供个性化服务。

3. 收集中外民俗知识，在班级中进行分享。

项目十二　民宿案例分析教学活动

一、教学目标

本项目通过项目驱动、任务引领方式引导学生选取国内外民宿案例进行深度分析，通过对民宿实体进行有针对性的案例学习、深度分析、问题探讨等，比较感性地认知民宿、探讨民宿服务运营、民宿文化与未来发展等。同时，通过学习与研讨分享，扩大学生对民宿的认知范围，提高学习研讨民宿新业态的能力，将课堂理论学习转化为实践能力与服务能力。

二、教学内容

学习小组选择一民宿作为研究对象，小组成员通过讨论方式，从民宿选址、民宿产品、民宿营销、民宿服务、民宿文化等方面进行案例深度分析，学习、探究中外民宿案例提供的民宿服务与经营之道。小组需将讨论形成文字成果并做成PPT在班级分享。在班级分享过程中，教师进行点评，并评选出优秀案例分析，在教师的指导下进行完善，最终形成民宿案例分析文集供同学们学习。

三、教学方法

案例分析法、小组讨论法、演示法、讲授法、翻转教学法。

四、教学成果

1. 学习小组《民宿案例分析报告》PPT分享。

2. 形成优秀民宿案例分析报告文集。

五、教学设计

《民宿案例分析》教学设计

授课章节	项目十二 民宿案例分析教学活动
授课学时	4学时
教学目的和要求	小组成员选取一民宿作为研究对象,借助互联网、图书馆等学习资源,通过集体研讨方式,从民宿环境、民宿产品、民宿营销、民宿运营、民宿服务、民宿文化等方面进行案例深度分析,探究民宿服务与经营中的知识与经营之道,将课堂的理论学习转化为实践能力与服务能力
重点难点	教学重点:组织学生选取一民宿作为研究对象,从民宿环境、民宿产品、民宿营销、民宿运营、民宿服务、民宿文化等方面对该民宿案例进行深度分析 教学难点:探究民宿服务与运营中的知识与经营之道,并形成案例分析报告
教学过程设计	◆ 教学过程设计 一、组织教学(考勤、准备教学) 二、课堂教学 1. 任务立项:(1学时) (1)教师布置学习任务,提出学习要求。 (2)学生根据学习任务,进行学习任务立项。班级学生按5~6人分成若干小组,小组选出学习组长及学习小秘书,小组通过讨论选取一民宿作为研究对象,拟订小组的研讨方案及人员工作分配,并向老师提交民宿案例分析研究方案。 2. 学习研讨:(2学时) (1)学生按研究方案实施《××民宿案例分析》学习研讨,通过互联网、图书馆等收集资料,进行小组学习、讨论,从民宿环境、民宿产品、民宿营销、民宿运营、民宿服务、民宿文化等方面对该民宿案例进行深度分析,形成研讨成果,并撰写研讨报告,研讨成果内容要进行班级PPT汇报。 (2)教师控制教学过程,巡视课堂,指导学生学习研讨。 3.成果分享(1学时) (1)学习小组派出代表,上台进行学习研讨成果分享。 (2)学生点评、教师点评。 三、师生评议,选出优秀案例分析报告 四、整理整洁教学场地,结束课程
课后作业	1. 优秀案例分析报告小组完善报告,交课程教师,形成学习研讨文集 2. 非优秀案例分析报告小组结合课堂学习,修改完善小组分析报告,交学习委员
课后总结	
备注	

项目十三　民宿创意教学活动

一、教学目标

本项目通过项目驱动、任务引领方式引导学生结合本学期“民宿”学习内容，在参与“民宿案例分析报告”课程的基础上进行民宿创意设计。目的在于引导学生能结合地域文化将课堂教学运用于实践，将课堂的理论学习转化为实践能力与服务能力，培养具有民宿服务运营能力与民宿文化爱好的从业者。

二、教学内容

在教师的组织下，结合本学期“民宿”课程学习内容和自己对民宿的认知，融合自己家乡的地域文化或者喜爱的地方，创意设计一个民宿，撰写期末小论文《我家的民宿》。教师通过对学生提交的论文进行，评选出优秀论文；教师指导学生对优秀论文进行完善，最终形成《我家的民宿》优秀论文文集供同学们学习分享。

三、教学方法

讲授法、案例教学法、小组讨论法、翻转教学法。

四、教学成果

1. 《我家的民宿》创意期末小论文。
2. 《我家的民宿》创意优秀论文文集。

五、教学设计

《我家的民宿》创意教学活动设计

授课章节	项目十三《我家的民宿》创意小论文
授课学时	4学时(1学时+3学时)
教学目的和要求	引导学生能结合家乡的地域文化将课堂教学运用于实践,将课堂的理论学习转化为实践能力与服务能力,培养具有民宿服务运营能力与民宿文化爱好的从业者
重点难点	教学重点:学生能结合课程学习和对民宿的认知,按照教师撰写小论文要求,融合自己家乡的地域文化或者喜爱的地方,进行民宿创意设计,撰写《我家的民宿》创意小论文。 教学难点:学生能将课堂理论知识转化为创新能力,培养具有民宿服务运营能力与民宿文化爱好的从业者
教学过程设计	◆ 教学过程设计 一、组织教学(考勤、准备教学) 二、教学实施 1. 任务立项:(1学时) (1)教师布置学习任务,提出学习要求。 (2)学生根据学习任务,进行学习任务立项。选取《我家的民宿》创意对象,拟订创意方案,并向老师提交《我家的民宿》创意小论文撰写方案。 2. 创意及完成论文:(3学时) (1)学生按照《我家的民宿》创意小论文撰写方案开展论文的收集、创意、撰写等工作。此学习阶段学习地点由学生自由选择,但需要遵守学校的规章制度。 (2)《我家的民宿》创意小论文撰写内容(仅为参考,学生可以自行拟定) 1)该民宿名称、选址及周边环境分析;2)该民宿文化理论及经营管理模式创意;3)该民宿建筑特色及装修风格创意;4)该民宿融资渠道创意;5)该民宿目标顾客定位、定价及盈利能力分析创意;6)该民宿客房设计创意及消费者体验;7)该民宿餐饮服务创意及消费者体验;8)该民宿休闲娱乐服务创意及消费者体验;9)该民宿市场竞争SWOT分析;10)综述及不足。 (3)《我家的民宿》创意小论文撰写要求 1)字数不得少于1500字,文末表明字数,不含标点符号。2)不得抄袭,网络及资料重复率不得高于30%。3)正文宋体小四,行距1.5,标题一级标题黑体3号,二级标题黑体四号,三级标题黑体小四。 (4)教师控制教学过程,注意学生外出调研安全,指导学生学习。 3. 成果分享 (1)教师对学生的《我家的民宿》创意小论文进行等级评定(优/良/及格/不合格)。 (2)教师指导优秀论文作者进行修改完善,形成《我家的民宿》创意小论文优秀文集,进行学习分享
课后作业	小组完善《我家的民宿》优秀小论文,交班级学习委员,形成学习创意文集
课后总结	
备注	

参 考 文 献

[1] 56个民族，中华人民共和国中央人民政府网

[2] 去哪儿网https：//travel.qunar.com/youji/7039639，西瓜太皮

[3] 恩施旅游网http：//lyw.enshi.gov.cn/list&2&1.html

[4] 中国江西网·戴庆锋

[5] 案例研究. 国内外优秀民宿案例分析

[6] 国际青年旅舍. 中国官网：http：//www.yhachina.com/

[7] 吕彦云. 国际商务礼仪. 北京：清华大学出版社，2012

[8] 2019—2023年中国民宿行业深度调研及投资前景预测报告（上下卷）

[9] 解放日报·上观新闻华东局栏目

[10] 公众号江农规划设计

[11] 公众号会景文旅

[12] 公众号有诗听说

[13] 公众号古玩鑫